AF275938

Honoré de Balzac

Théophile Gautier

www.archivosvola.es

rescatando el acervo

Honoré de Balzac

Texto Publicado en 1859

Traducción de José Mª Borrás

© Archivos Vola, Madrid, 2025

Todos los derechos reservados

ISBN: 978-84-129137-9-8

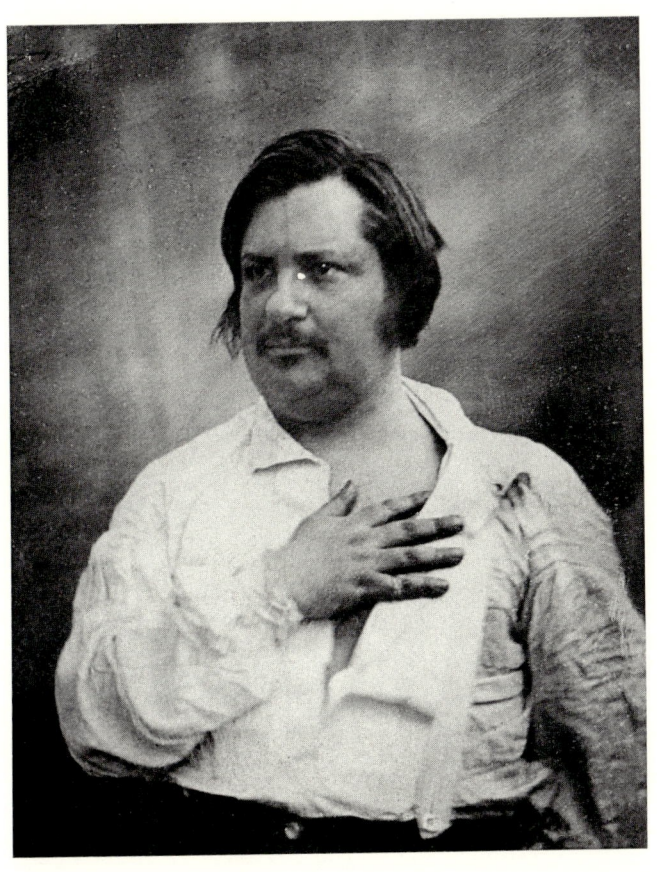

HONORÉ DE BALZAC
(Tours, 1799 - París, 1850)
retratado por Louis-Auguste Bisson en 1842

THÉOPHILE GAUTIER
(Tarbes, 1811 - Neuilly-sur-Seine, 1872)
retratado por Nadar

Hacia 1835 vivíamos en dos habitaciones pequeñas en el callejón Doyenné. Aunque situado en el centro de París, frente a las Tullerías y a dos pasos del Louvre, el lugar era desierto y salvaje, y, a la verdad, hacía falta cierta persistencia para descubrirnos. No obstante, una mañana vimos a un joven de modales distinguidos y aire cordial que salvaba la entrada excusándose de presentarse él mismo: era Julio Sandeau, y venía de parte de Balzac a reclutarnos para la *Chronique de Paris*, periódico semanal, que no alcanzó el éxito pecuniario que merecía. Balzac, según nos dijo Sandeau, había leído *Mademoiselle de Maupin*, recién aparecida, y había admirado su estilo; por ello deseaba asegurarse nuestra colaboración en la hoja que patrocinaba y dirigía. Fijamos un encuentro para ponernos en relación, y aquel día fue la fecha de una amistad que sólo rompió la muerte.

No hemos contado esta anécdota por lo que tiene de halagüeña para nosotros, sino porque honra a Balzac, el cual, ya ilustre, mandaba a buscar a un escritor joven y obscuro, que había comenzado ayer, para asociarle a sus trabajos sobre la base de compañerismo y completa igualdad. Cierto que Balzac no era aún entonces el autor de *La comedia humana*, pero sí había escrito, amén de varias novelitas, la *Filosofía del matrimonio, La piel de zapa, Luis Lambert, Serafita, Eugenia Grandet, Historia de los trece, El médico de aldea, El tío Goriot*, es decir, lo suficiente para cimentar cinco o seis reputaciones. Su gloria naciente, reforzada cada mes por nuevos destellos, brillaba con esplendores de aurora; y a la verdad que hacía falta un vivo resplandor para lucir en aquel cielo en el que se mostraban a la vez Lamartine, Víctor Hugo, de Vigny, de Musset, Sainte-Beuve, Alejandro Dumas, Mérimée, George Sand y tantos más; pero Balzac, en ninguna época de su vida se erigió en Gran Lama literario, y fue siempre buen compañero; tenía orgullo, pero ninguna vanidad.

Balzac, por aquel tiempo, vivía al extremo del jardín del Luxemburgo, cerca del Observatorio, en una calleja poco frecuentada que llevaba el nombre de Cassini, sin duda a causa de la vecindad astronómica. En el muro del jardín, que se extendía por casi todo un lado y a cuyo extremo se encontraba el pabellón ocupado por Balzac, leíase: *Lo absoluto, comerciante en ladrillos.* Tan extraña muestra no dejó de sorprendernos: *La investigación de lo absoluto* no tuvo acaso otro origen. Ese nombre fatídico sugirió probablemente al autor la idea de Baltasar Claes persiguiendo su sueño imposible.

Cuando le vimos por primera vez, Balzac, que tenía un año más que el siglo, contaba treinta y seis, y su rostro era de los que no se olvidan. En su presencia, la frase de Shakespeare a propósito de César se venía a la memoria. Ante él la naturaleza podía levantarse osadamente y decir al universo: "¡Este es un hombre!"

El corazón nos latía con fuerza, porque jamás nos hemos enfrentado sin temblar con un maestro del pensamiento; y todos los discursos preparados durante el camino se nos atascaron en la garganta para dejar paso a una frase estúpida de este tenor: "Hace hoy una temperatura agradable." Balzac, que vio nuestro embarazo, pronto nos hizo tomar confianza, y durante el almuerzo la sangre fría recuperada nos permitió examinarle con detalle.

Llevaba ya entonces para andar en casa ese hábito de cachemir o de franela blanca atado a la cintura por un cordón, tal como algún tiempo después se hizo pintar por Boulanger. ¿Qué capricho le había inducido a elegir, con preferencia a otro, este indumento que no dejó ya más? Acaso simbolizaba a sus ojos la vida claustral a que le condenaba su trabajo, y como benedictino de la novela había tomado el hábito benedictino; mas lo cierto es que le sentaba a maravilla. Enorgullecíase, mostrándonos las mangas intactas, de no haber alterado jamás su pureza con la menor mancha de tinta; porque, decía, el verdadero litera-to ha de ser limpio en su trabajo.

El hábito echado hacia atrás dejaba al descubierto un cuello de atleta o de toro, redondo como un trozo de columna, sin musculatura aparente, y de una blancura sati-nada en contraste con el tono más colorado del rostro. En aquella época, Balzac, en toda la fuerza de su edad, ofrecía el aspecto de una salud violenta, poco en armonía con las palideces y los verdores románticos de moda. Su pura san-gre turenesa azotaba sus plenas mejillas con vivida púrpu-ra y coloreaba ardorosamente los magníficos labios gruesos y sinuosos, fáciles a la vida; unos bigotes ligeros y la mosca acentuaban sus contornos sin ocultarlos; la nariz de punta roma, partida en dos lóbulos, con las ventanas bien abier-tas, tenía un carácter muy especial; tanto, que Balzac, cuan-do le hacían el busto, recomendaba a David d'Angers: ¡Cuidado con mi nariz! Mi nariz es un mundo." La frente era hermosa, amplia, noble, sensiblemente más blanca que el rostro, sin más arruga que un surco perpendicular en la raíz nasal; las protuberancias de la memoria del lugar for-maban un saliente muy pronunciado sobre los arcos cilia-res; los cabellos abundantes, largos, duros y negros se echa-ban hacia atrás, como leonina melena. En cuanto a los ojos, nunca los hubo parecidos: tenían una vida, una luminosidad, un magnetismo inconcebibles. A pesar de las velas de cada noche, la esclerótica era pura, límpida, azulosa como la de un niño o de una virgen y engarzaba dos diamantes negros iluminados a cada instante con ricos reflejos de oro: eran ojos capaces de hacer bajar la mirada a las águilas, de leer a través de los muros y de los pechos, de fulminar a una fiera furiosa; ojos de soberano, de vidente, de domador.

Mme. Emile de Girardin, en una novela titulada *El bastón de M. de Balzac*, nos habla de esos ojos deslumbrantes:

"Tancredo percibió entonces, en lo alto de aquella como maza, turquesas, oro, cinceladuras maravillosas: y detrás de todo eso dos grandes ojos negros más brillantes que las pedrerías."

Estos ojos extraordinarios, una vez se había encontrado su mirada, impedían observar todo cuanto pudiera haber en los rasgos de trivial o de irregular.

La expresión habitual de la figura era la de una como hilaridad potente, una alegría rabelesiana y monacal –el hábito contribuía sin duda a esa idea– que hacía pensar en Jean des Entommeures, pero agrandado y elevado por un espíritu de primer orden.

Según su costumbre, Balzac se había levantado a medianoche, trabajando hasta nuestra llegada. Sus rasgos no acusaban, sin embargo, fatiga alguna, salvo una ligera capa de color bazo bajo los párpados, y durante todo el almuerzo hizo gala de loca alegría. Poco a poco la conversación derivó hacia la literatura, y Balzac se lamentó de la enorme dificultad de la lengua francesa. El estilo preocupábale en gran manera, y creía sinceramente que no le tenía. Cierto que entonces se le negaba generalmente esta cualidad. La escuela de Hugo, enamorada del siglo dieciséis y de la Edad Media, sabia en cortes, en ritmos, en estructuras, en períodos, rica de palabras, ducha en la prosa gracias a la gimnasia del verso, que laboraba por lo demás junto a un maestro con procedimientos ciertos, sólo hacía caso de lo "bien escrito", es decir trabajado y subido de tono más de la medida, y encontraba, por otra parte, la representación de las costumbres modernas inútil, burguesa y desprovista de lirismo. Balzac, a pesar de la aceptación que comenzaba a tener, no estaba, pues, admitido entre los dioses del romanticismo, y él lo sabía. Al devorar sus libros, el público no se detenía en su aspecto serio, y, aun para sus admiradores, Balzac fue por mucho tiempo "el más fecundo de nuestros novelistas" y nada más que eso. Esto sorprenderá hoy en día, pero respondemos de la verdad del aserto. Por este motivo, se tomaba un trabajo horrible para llegar a tener estilo, y, preocupado por la corrección, consultaba a muchos que eran cien veces inferiores a él. Antes de publicar con su firma, había escrito, según decía, bajo diferentes seudónimos (Horace de Saint Aubin, L. de Villergé, etc.) un centenar de volúmenes "para soltarse la mano". Sin embargo, había alcanzado ya su forma de expresión sin tener conciencia de ello.

Pero volvamos a nuestro almuerzo. Al hablar, Balzac jugueteaba con el cuchillo o el tenedor, y observamos que sus manos eran de rara belleza, verdaderas manos de prelado, blancas, con los dedos pequeños y rechonchos, las uñas rosadas y brillantes; tenía la coquetería de las manos, y sonreía de placer cuando alguno las miraba. Concedía a esto un sentido de raza y aristocracia. Lord Byron dice en una nota, con visible satisfacción, que Alí Bajá le alabó la pequeñez de sus orejas, de lo que infirió que era todo un hidalgo. Una observación parecida sobre sus manos hubiese asimismo agradado a Balar, más aún que el elogio de uno de sus libros. Hasta tenía cierta prevención contra aquellos cuyas extremidades carecían de finura. La comida era bastante delicada: un pastel de "foie-gras" que en ella figuraba salíase de la frugalidad habitual, como así lo hizo observar, riéndose, Balzac, y para "la solemnidad" había pedido prestados los cubiertos de plata a su librero.

Nos retiramos después de prometer unos artículos para la *Chronique de Paris*, en donde aparecieron, *Una vuelta por Bélgica*, *La muerta enamorada*, *La cadena de oro* y otros trabajos literarios. Charles de Bernard, también llamado por Balzac, hizo *La mujer de cuarenta años*. Como se sabe, Balzac inventó la mujer de treinta años; su imitador añadió dos lustros a esa edad, y su heroína no tuvo menos éxito.

Pero antes de seguir adelante, detengámonos un poco y demos algunos detalles de la vida de Balzac, anteriores a nuestro conocimiento. Las autoridades que nos guíen serán su hermana Mme. de Surville y él mismo.

Balzac nació en Tours el 16 de mayo de 1799, el día de San Honorato, cuyo nombre se le dio, por encontrar que sonaba bien y era de buen augurio. Honorato no fue un niño prodigio, y nada anunció prematuramente que había de hacer *La comedia humana*. Era un muchacho fresco, sonrosado, sanote, juguetón, de ojos brillantes y dulces, pero al que nada distinguía de los demás, por lo menos a las miradas poco atentas. A los siete años, al salir de un externado de Tours, le pusieron en el colegio de Vendôme, a cargo de los oratorianos, en donde pasó por ser un alumno nada sobresaliente.

La primera parte de *Luis Lambert* contiene muy curiosos informes de la vida escolar de Balzac. Desdoblando su personalidad, se pinta en la novela como un antiguo condiscípulo de Lambert, y unas veces habla en su propio nombre y otras presta sus propios pensamientos a ese personaje imaginario, pero, sin embargo, muy real, puesto que viene a ser el objetivo del alma misma del escritor.

"Situado en medio de la población, sobre un riachuelo del Loir que baña los edificios, el colegio forma un vasto cercado dentro del cual están los establecimientos necesarios para una institución de ese género: capilla, teatro, enfermería, panadería, albercas. El colegio, hogar instructivo el más célebre de las provincias del centro, se alimenta de éstas y de las colonias. El alejamiento no permite a los padres visitar a menudo a los chicos; y el reglamento prohibía, por lo demás, las vacaciones externas. Una vez entrados, los alumnos no salían del colegio sino terminados sus estudios. Con excepción de los paseos dados al exterior bajo la vigilancia de los Padres, todo estaba calculado para dar a esa casa las ventajas de una disciplina conventual. En mis tiempos, el corrector era todavía un recuerdo vivo, y la férula de cuero desempeñaba con todo honor su terrible papel."

Así pinta Balzac el colegio formidable que dejó en su imaginación tan persistentes recuerdos. Mucho sufrió en él: su naturaleza ensoñadora era lastimada a cada momento por una regla inflexible. Descuidaba sus deberes; pero con la complicidad tácita de un auxiliar de matemáticas, que era al mismo tiempo bibliotecario y estaba ocupado siempre en alguna obra trascendental, Balzac no daba la lección y se llevaba cuantos libros quería. Todo el tiempo se le iba en leer a escondidas; y así pronto fue el alumno más castigado de su clase. Los deberes, las encerronas, absorbieron poco a poco los recreos. A ciertas naturalezas escolares, los castigos les inspiran como una rebelión estoica; y oponen a los profesores exasperados la misma impasibilidad desdeñosa que los guerreros salvajes cautivos a los enemigos que los torturan. Ni el calabozo, ni la privación de alimentos, ni la férula consiguen arrancarles la menor queja; y se traban entonces entre maestro y alumno unas luchas horribles, desconocidas por los padres, y en las cuales la constancia de los mártires y la habilidad de los verdugos corren equiparadas. Algunos profesores nerviosos no pueden soportar la mirada llena de odio, de desprecio y de amenaza con que los desafía un mocoso de ocho o diez años.

Resultado de esos trabajos ocultos, de esas meditaciones que se llevaban el tiempo de los estudios, fue el famoso *Tratado de la voluntad* de que se habla varias veces en *La comedia humana*. Balzac lamentó siempre la pérdida de esta primera obra que esboza sumariamente en Luis Lambert, y nos cuenta, con emoción no amortiguada por el tiempo, la confiscación de la caja que encerraba el precioso manuscrito: unos condiscípulos envidiosos trataban de arrancar el cofrecillo a los dos amigos que lo defendían con encarnizamiento; "atraído de pronto por el ruido de la batalla, el padre Haugoult intervino bruscamente y se informó de la disputa. El terrible Haugoult nos ordenó que le entregáramos la caja; Lambert le dio la llave, y el regente cogió los papeles, que hojeó; después dijo, al confiscarlos: –¡Estas son las tonterías por las cuales descuidas tus deberes!– Gruesas lágrimas cayeron de los ojos de Lambert, arrancadas tanto por la conciencia de su superioridad moral ofendida como por el insulto gratuito y la traición abrumadora. El padre Haugoult vendió probablemente a un droguero de Vendôme el *Tratado de la voluntad*, desconociendo la importancia de los tesoros científicos cuyos gérmenes abortados disiparon manos ignorantes."

Y después de este relato, añade: "En memoria de la catástrofe ocurrida al libro de Luis, en el trabajo que da comienzo a estos estudios, he utilizado para una obra ficticia el título realmente inventado por Lambert y he dado el nombre (Paulina) de una mujer que le fue querida, a una joven llena de abnegación."

En efecto; si abrimos *La piel de zapa*, encontramos en la confesión de Rafael las frases siguientes: "Tú solo admiraste mi *Teoría de la voluntad*, esa larga obra para la cual aprendí las lenguas orientales, la anatomía, la física, y a la cual consagré la mayor parte de mi tiempo; obra que, si no me equivoco, completará los trabajos de Mesmer, de Lavater, de Gall, de Bichat, abriendo un nuevo sendero a la ciencia humana. Aquí se detiene lo más hermoso de mi vida, ese sacrificio de todos los días, esa labor de gusano de seda, desconocida para el mundo, y cuya única recompensa sea acaso el trabajo mismo. Desde mi edad de razón hasta el día en que terminé mi *Teoría*, he observado, aprendido, escrito y leído sin descanso, y toda mi vida fue como un deber escolar interminable; amante afeminado de la pereza oriental, enamorado de mis sueños, sensual, he trabajado siempre, negándome a gozar de las delicias de la vida parisiense; comilón, he sido sobrio; amante de caminar y de los viajes marítimos, deseoso de visitar lejanos países, encontrando aun placer, como un niño, en hacer rebotar los guijarros sobre el agua, he permanecido constantemente sentado con la pluma en la mano; locuaz, iba a escuchar en silencio a los profesores en sus cursos públicos en la Biblioteca y el Museo; he dormido en mi jergón solitario como un religioso de San Benito, y, sin embargo, la mujer era mi única quimera, ¡una quimera que acariciaba y que siempre me huía!"

De estas meditaciones tan intensas, de esos esfuerzos intelectuales verdaderamente prodigiosos en un niño de doce o catorce años, resultó una enfermedad rara, una especie de coma inexplicable por completo para los profesores que no estaban en el secreto de las lecturas y de los trabajos del joven Honorato, en apariencia ocioso y estúpido; nadie sospechaba, en el colegio, esos excesos precoces de la inteligencia, y no sabían que en el calabozo, en el que se hacía encerrar a diario para estar libre, el alumno considerado perezoso había absorbido toda una biblioteca de libros serios y superior al alcance de sus años.

Ensartaremos aquí unas líneas curiosas sobre la facultad de lectura atribuida a Luis Lambert, es decir a Balzac.

"En tres años, Luis Lambert se había asimilado la substancia de los libros que, en la biblioteca de su tío, merecían ser leídos. La absorción de las ideas por la lectura se había convertido en él en un fenómeno curioso: su mirada abarcaba siete u ocho líneas a la vez y su espíritu apreciaba el sentido con una rapidez igual a la de su vista. A veces, una sola palabra de la frase bastábale para extraer la substancia. Su memoria era prodigiosa. Recordaba con la misma facilidad las ideas adquiridas con la lectura y aquellas que le sugerían la reflexión o la conversación. Poseía, en fin, todas las memorias: las de los lugares, de los nombres, de las palabras, de las cosas, de las figuras; y no sólo recordaba a voluntad los objetos, sino que volvía a verlos en sí mismo, iluminados y coloreados tal como estaban en el momento que los percibió. Esta capacidad aplicábase asimismo a los actos del entendimiento más difíciles de coger. Recordaba, según su expresión, no sólo el lugar de las ideas en el libro de donde las sacó, sino, además, las disposiciones de su alma en las épocas más remotas."

Ese don maravilloso de su juventud, Balzac lo conservó toda su vida, aun acrecentado; y esto permite explicar sus inmensos trabajos, verdaderos trabajos de Hércules.

Asustados los profesores, escribieron a los padres de Balzac que fueran a buscarle con toda prisa. Corrió la madre y se lo llevó a Tours. Grande fue el asombro de los familiares cuando vieron al muchacho flaco y enclenque que les devolvió el colegio a cambio del querubín que le enviaron. Pero no sólo había perdido los hermosos colores y la rolliza frescura, sino que, además, a causa de la congestión de ideas, parecía imbécil. Su actitud era la de un extático, de un sonámbulo que duerme con los ojos abiertos; perdido en una profunda ensoñación, o no entendía lo que le decían, o su espíritu, venido de lejos, llegaba tarde para la respuesta. Pero el aire libre, el descanso, el ambiente cariñoso de la familia, las distracciones a que le obligaron y la enérgica savia de la adolescencia, pronto triunfaron de aquel estado enfermizo. El tumulto causado en aquel cerebro joven por el rumor de las ideas fue apaciguándose. Las lecturas confusas clasificáronse poco a poco; a las abstracciones se mezclaron imágenes reales, observaciones hechas silenciosamente sobre lo vivo; al tiempo que se paseaba y que jugaba, Balzac estudiaba los hermosos paisajes del Loira, los tipos provincianos, la catedral de San Gaciano y las fisonomías características de los sacerdotes y de los canónigos; y varios cartones que sirvieron después para el fresco colosal de la *Comedia* fueron seguramente esbozados durante esa inactividad fecunda. Sin embargo, tampoco en el seno de la familia, como ocurrió en el colegio, la inteligencia de Balzac fue adivinada o comprendida. Aun cuando se le escapaba algún dicho ingenioso, su madre, que era no obstante una mujer superior, le decía: "Sin duda, Honorato, no comprendes lo que te dices." Y Balzac se reía, sin más explicaciones, con aquella su risa tan franca. El padre, que tenía a la vez algo de Montaigne, de

18

Rabelais y del tío Tobías por su filosofía, su originalidad y su bondad (es Mme. de Surville quien habla), tenía mejor concepto de su hijo, pues según ciertos sistemas genésicos de su cosecha resultaba que un niño procreado por él no podía ser un necio; pero en modo alguno sospechaba la existencia del futuro grande hombre.

La familia de Balzac, habiendo regresado a París, éste fue puesto a pensión; pero aquí, como en el colegio de Vendôme, su genio no se reveló, y quedó confundido entre el rebaño de los alumnos ordinarios. Ningún peón entusiasmado le dijo *Tu Marcellus eris!*

Terminadas sus clases, Balzac se dio esa segunda educación que es la verdadera. Estudió, se perfeccionó, siguió los cursos en la Sorbona e hizo el Derecho, mientras trabajaba con el abogado y el notario. Este tiempo en apariencia perdido, pues Balzac no fue ni abogado, ni notario, ni juez, le hizo conocer el personal de la Basoche y le puso en condiciones de escribir más tarde, de manera a maravillar a los hombres del oficio, lo que podríamos llamar lo contencioso de *La comedia humana.*

Una vez libre de exámenes, se presentó la grave cuestión de la carrera a emprender. Querían hacer de Balzac un notario; mas el futuro gran escritor, aunque nadie creyera en su genio, tenía conciencia de él, y se negó muy respetuosamente, a pesar de que le habían preparado un empleo en condiciones muy favorables. En consecuencia, su padre le concedió dos años de prueba, y como la familia regresaba a su provincia, Mme. Balzac instaló a Honorato en una buhardilla, concediéndole una pensión que a duras penas bastaba para sus más estrictas necesidades, en la confianza de que el pasar trabajos le volvería más dócil.

La buhardilla en cuestión estaba encaramada en la calle de Lesdiguiéres, número 9, cerca del Arsenal, cuya biblioteca ofrecía sus recursos al joven trabajador. Sin duda, el pasar de una casa abundante y lujosa a un cuartucho miserable sería una cosa dura a otra edad que la de veintiún años, que es la que tenía Balzac; pero si el sueño de los niños es tener unos zapatos nuevos, el de todo joven es tener una habitación sólo para él, aunque no se pueda tener en ella de pie, y la llave en el bolsillo: una habitación es la vestidura viril, es la independencia, la personalidad, el amor.

He aquí, pues, a maese Honorato, muy cerquita del cielo, sentado ante su mesa y ensayándose en la obra maestra que ha de dar razón a la indulgencia de su padre y desmentir los horóscopos desfavorables de los amigos. Cosa singular: Balzac se estrenó con una tragedia, un *Cromwell*. Y por aquel tiempo Víctor Hugo daba la última mano a su *Cromwell*, cuyo prefacio fue el manifiesto de la joven escuela dramática.

Al releer con atención *La comedia humana* cuando se ha conocido familiarmente a Balzac, encuéntranse en ella multitud de curiosos detalles de su carácter y de su vida, sobre todo en las primeras obras, en las cuales aun no se ha desprendido por completo de su personalidad, y a falta de sujetos se observa y diseca a sí mismo. Ya dijimos que comenzó el rudo noviciado de la vida literaria en una buhardilla próxima al Arsenal. La novela corta *Facino Cane*, fechada en París, en marzo de 1836, y dedicada a Luisa, contiene preciosas indicaciones acerca de la existencia que llevaba en aquel nido aéreo el joven aspirante a la gloria.

"Vivía entonces en una calle que sin duda no conocéis, la de Lesdiguières: comienza en la de San Antonio, frente a una fuente y cerca de la plaza de la Bastilla, y desemboca en la calle de la Cerisaie. El amor a la ciencia habíame arrojado a una buhardilla en la cual trabajaba por la noche, y pasaba el día en una biblioteca próxima, la de Monseñor; vivía frugalmente, pues había aceptado todas las condiciones de la vida monástica, tan necesarias para los trabajadores. Cuando el tiempo era bueno, apenas me paseaba por el bulevar Bourdon. Una sola pasión me arrastraba fuera de mis costumbres estudiosas; pero ¿acaso no era también un estudio? Iba a observar las costumbres del barrio, sus habitantes y sus caracteres. Tan mal vestido como los obreros, indiferente al decoro, no les ponía en guardia contra mí; podía mezclarme con sus grupos, verles cerrar sus transacciones, y disputarse a la hora en que terminan el trabajo. La observación, en mí, se había vuelto ya intuitiva, y penetraba en el alma sin desdeñar el cuerpo; o mejor, cogía tan bien los detalles exteriores, que iba en seguida más allá: me daba la facultad de vivir la vida del individuo sobre el cual se ejercía, permitiéndome substituirme a él, como el derviche de las *Mil y una noches*, se apoderaba en cuerpo y alma de las personas sobre las cuales pronunciaba ciertas palabras.

Cuando, entre las once y medianoche encontraba a un obrero y a su mujer que regresaban juntos del *Ambigu-Comique*, me divertía en seguirles desde el bulevar Pont-aux-Choux hasta el de Beaumarchais. Aquella buena gente hablaba primero de la pieza que acababa de ver; y de rama en rama llegaban a sus asuntos, tirando la madre al chiquillo de la mano sin escuchar ni sus quejas ni sus preguntas. Ambos esposos contaban el dinero que habían de cobrar al día siguiente, y lo gastaban ya de mil maneras distintas. Allí entonces los detalles caseros, el quejarse del precio excesivo de las patatas o de lo largo del invierno y del encarecimiento de los leños, las enérgicas representaciones sobre lo que se debía al panadero; hasta que la discusión se envenenaba y cada cual desplegaba su carácter con palabras pintorescas. Al oír a aquella gente, podía desposarme con sus vidas, sentía sus chaquetas sobre mis hombros, iba calzado con sus botas agujereadas; sus deseos, sus necesidades, todo pasaba a mi alma y mi alma se transmitía a la suya; era como el sueño de un hombre despierto. Me acaloraba con ellos contra los jefes de taller que los tiranizaban o contra las malas prácticas que les hacían volver varias veces sin pagarles. Dejar las propias costumbres, convertirme en otro gracias a la embriaguez de las facultades morales y realizar este juego a voluntad, tal era mi distracción. ¿A qué debo este don? ¿Es una segunda vista? ¿O una de esas cualidades cuyo abuso llevaría a la locura? Nunca indagué las causas de esta potencia: la poseo y me valgo de ella, eso es todo."

Hemos transcrito estas líneas, doblemente interesantes, porque iluminan un aspecto poco conocido de la vida de Balzac, y nos muestran en él la conciencia de esa potente facultad de intuición que poseía ya entonces en tal alto grado y sin la cual hubiera sido imposible la realización de su obra. Balzac, como Vicnú, el dios indio, poseía el don de *avatar*, es decir el de encarnarse en cuerpos distintos y de vivir en ellos cuanto tiempo quería; sólo que los avatares de Vicnú eran diez, y los de Balzac incontables, y, además, podía provocarlos a voluntad. Aunque esto parezca singular en pleno siglo diecinueve, Balzac fue un *vidente*. Su mérito de observador, su perspicacia de psicólogo, su genio de escritor, no bastan a explicar la variedad infinita de los dos o tres mil tipos que desempeñan un papel más o menos principal en *La comedia humana*. No los copiaba: los vivía idealmente, endosaba sus vestidos, adquiría sus costumbres, se rodeaba de su medio ambiente, era ellos mismos todo el tiempo necesario. De aquí esos personajes sostenidos, lógicos, que no se desmienten jamás, dotados de una existencia íntima y profunda, los cuales, para emplear una de sus expresiones, hacen competencia al estado civil. Verdadera sangre roja circula por sus venas y no la tinta que infunden a sus creaciones los autores ordinarios.

Pero esta facultad sólo la poseía Balzac para lo presente. Podía transportar su pensamiento a un marqués, un financiero, un burgués, una mujer de mundo, una cortesana; pero, las sombras de lo pasado no obedecían a su llamada: no supo jamás, como Goethe, evocar desde el fondo de la antigüedad a la bella Helena y hacerle habitar la mansión gótica de Fausto. Salvo dos o tres excepciones, toda su obra es moderna; se había asimilado a los vivos, pero no resucitaba a los muertos. La historia misma le seducía muy poco, como puede verse por este pasaje del prefacio a *La comedia humana*: "Al leer las secas y desagradables nomenclaturas de los hechos llamados historias, ¿quién no se ha dado cuenta de que los escritores se han olvidado en todos los tiempos, ya se trate de Egipto, de Persia, de Grecia o de Roma, de darnos la historia de las costumbres? El fragmento de Petronio sobre la vida privada de los romanos irrita más que satisface nuestra curiosidad."

Esta laguna que dejaron los historiadores de las sociedades desaparecidas, Balzac se propuso llenarla por lo que hace a la nuestra, y Dios sabe si cumplió fielmente el programa que se trazó.

"La sociedad iba a ser el historiador, y yo sólo el secretario; al levantar inventario de los vicios y las virtudes, al reunir los hechos principales de las pasiones, al pintar los caracteres, al elegir los sucesos principales de la sociedad, al componer los tipos por la reunión de los rasgos de varios caracteres homogéneos, acaso podía llegar a escribir la historia olvidada por tantos historiadores: la de las costumbres. Con mucha paciencia y mucho valor realizaría, sobre la Francia del siglo diecinueve, el libro cuya falta todos lamentamos y que por desgracia ni Roma, ni Atenas, Tiro, Memfis, la Persia o la India nos dejaron sobre su civilización."

Pero volvamos a la buhardilla de la calle de Lesdiguiéres. Balzac no había concebido aún el plan de la obra que debía inmortalizarle; todavía se buscaba a sí mismo con inquietud, anhelo y labor, ensayándolo todo y no triunfando en nada, si bien poseía esa tenacidad de trabajo a la cual Minerva, por muy reacia que sea, tiene que ceder algún día. Esbozaba óperas cómicas, hacía planes de comedias, dramas y novelas cuyos títulos ha conservado madame de Surville: *Stella*, *Coqsigrue*, *Los dos filósofos*, sin contar el terrible *Cromwell*, cuyos versos que tanto esfuerzo le costaban, no valían, sin embargo, gran cosa.

Imaginaos al joven Honorato envueltas las piernas en un carrick apedazado, protegido el busto con un viejo chal materno, tocado con una especie de casquete dantesco cuyo corte sólo Mme. de Balzac conocía; la cafetera a la izquierda y el tintero a la derecha, trabajando con esfuerzo e inclinada la frente, como buey uncido al arado, el campo pedregoso y no roturado por él, del pensamiento en donde trazó después tan fértiles surcos. La lámpara brilla como una estrella en el fondo de la negra mansión, la nieve desciende calladamente sobre las tejas mal juntadas; silba el viento a través de la puerta y de la ventana "como Tulú en su flauta, pero con menos agrado".

Si algún transeúnte retrasado hubiese levantado los ojos a aquella lucecita obstinadamente temblorosa, no habría pensado, sin duda, que era la aurora de una de las glorias más grandes de nuestro siglo.

¿Queréis un croquis del lugar, transpuesto, es cierto, pero muy exacto, trazado por el autor en *La piel de zapa*, esa obra que tanto encierra de él mismo?

"... Una habitación que daba a los patios de las casas vecinas, por cuyas ventanas pasaban largas perchas cargadas de ropa; nada más horrible que aquella buhardilla de paredes amarillentas y sucias, que olía a miseria y estaba llamando a un sabio. El techo se inclinaba con regularidad y las tejas mal juntadas dejaban ver el cielo; había lugar para una cama, una mesa, algunas sillas y bajo el ángulo agudo del techo podía acomodar el piano... Viví en ese sepulcro aéreo durante más de tres años, trabajando noche y día, sin descanso, y con tanto placer que el estudio me parecía ser el tema más hermoso, la solución más feliz de la vida humana. La calma y el silencio necesarios al sabio tienen un no sé qué de dulce y embriagador como el amor... El estudio comunica una especie de magia a cuanto nos rodea. El escritorio raquítico sobre el cual trabajaba y la badana parda que lo cubría, el piano, la cama, el sillón, las singularidades del papel que forraba las paredes, los muebles, todas estas cosas se animaron convirtiéndose para mí como en humildes amigos, cómplices silenciosos de mi porvenir. ¡Cuántas veces les he comunicado mi alma al mirarlos! A menudo, al pasar los ojos por una moldura desconchada, encontraba nuevos desarrollos, una prueba palpable de mi sistema, o la palabra que consideraba acertada para expresar pensamientos casi intraducibles."

En este mismo pasaje hace alusión a sus trabajos: "Había emprendido dos grandes obras: una comedia que en pocos días había de darme fama, fortuna y entrada a ese mundo en el que quería reaparecer ejerciendo el derecho de regalía del hombre de genio. ¡Todos habéis visto en esa obra maestra el primer error de un joven salido del colegio, una necedad de criatura! Vuestras burlas han destruido ilusiones fecundas que no habían de despertarse ya más..."

27

Fácil es reconocer aquí al desdichado *Cromwell*, el cual, leído ante la familia y los amigos reunidos, fue un fiasco completo.

Honorato hizo apelación de la sentencia ante un árbitro que aceptó como competente, un buen anciano, antiguo profesor de la Escuela Politécnica. Y el juicio fue que el autor debía hacer "cualquier cosa menos literatura".

¡Qué pérdida para las letras, qué laguna en el espíritu humano, si el joven se hubiese inclinado ante la experiencia del anciano y hubiera escuchado su consejo; consejo indudablemente muy sabio, pues que no hay el menor chispazo de genio, ni siquiera de talento en aquella tragedia retórica! Por fortuna, Balzac, y bajo el seudónimo de Luis Lambert, no había escrito en balde, en el colegio de Vendôme, su *Tratado de la voluntad*.

Sometióse a la sentencia, mas solamente para la tragedia; comprendió que debía renunciar a seguir las huellas de Corneille y de Racine, a los cuales admiraba entonces a beneficio de inventario, pues jamás hubo genios más contrarios al suyo. La novela le ofrecía un molde más cómodo, y escribió por aquella época gran cantidad de volúmenes que no firmó y que siempre desautorizó. El Balzac que luego conocimos y admiramos estaba todavía en el limbo, luchando vanamente por salir. Los que sólo le juzgaban capaz de ser expeditivo tenían razón en apariencia; pero acaso también le hubiera fallado ese recurso, pues su *her-*

mosa escritura debía ya de haberse alterado en los borrado-
res manoseados, tachados, sobrecargados, casi jeroglíficos
del escritor que luchaba con la idea y no se preocupaba ya
de la belleza de los caracteres.

Así, pues, nada había resultado de aquella clausura rigurosa, de aquella vida de eremita de la Tebaida cuyo presu-
puesto traza Rafael: "Tres sueldos de pan, dos de leche, tres
de embutidos, me impedían morirme de hambre y man-
tenían mi espíritu en singular lucidez. Mi habitación me
costaba tres sueldos diarios; quemaba tres más de aceite
cada noche, hacía yo mismo mi cuarto, y llevaba camisas
de franela para no gastar más que dos sueldos de lavande-
ra al día. Me calentaba con carbón de piedra, cuyo precio,
dividido por los días del año, nunca me resultó a más de
dos sueldos por término medio. Tenía trajes, ropa interior
y calzado para tres años: no me vestía sino para ir a ciertos
cursos públicos y a las bibliotecas; todos estos gastos juntos
no hacían más que dieciocho sueldos; y me quedaban dos
para imprevistos. Durante este largo período de trabajo no
recuerdo haber pasado el puente de las Artes, ni haber
comprado nunca agua.'

Sin duda Rafael exagera un poco la economía, pero la
correspondencia de Balzac con su hermana muestra que la
novela no se aparta gran cosa de la realidad. La anciana
designada en las cartas con el nombre de Iris la Mensajera,
y que tenía setenta años, no podía ser una mujer de gobier-

no muy activa, por lo cual Balzac escribe: "Las nuevas de mi interior son desastrosas, pues el trabajo perjudica a la limpieza. Ese "pillastre de *yo mismo* se descuida de más en más, no baja sino cada tres o cuatro días para las compras, y va a las tiendas más próximas, que son las peor surtidas del barrio; las otras están demasiado lejos, y el muchacho economiza por lo menos los pasos; de suerte que tu hermano (destinado a tanta celebridad) se alimenta ya en absoluto como un grande hombre; es decir que se muere de hambre.

"Otra calamidad: el café hace como unos horribles garrapatos por el suelo, y es menester mucha agua para reparar el estropicio: pero como el agua no sube a mi *celeste* buhardilla (sólo baja cuando hay temporal), habrá que pensar, después de la compra del piano, en instalar una máquina hidráulica si el café sigue escabulléndose mientras el dueño y su servidor están pensando en las musarañas."

Luego, siempre en chanza, riñe al perezoso *yo mismo* que deja que cuelguen del techo las telas de araña, que los *corderos* se paseen por debajo de la cama y el polvo cegador se pegue a los vidrios.

En otra carta escribe: "He comido dos melones..., habrá que pagarlos a fuerza de nueces y pan seco."

Una de las escasas expansiones que se permitía era ir al Jardín [del Luxemburgo] o al Père Lachaise. Desde lo alto de la fúnebre colina dominaba a París como Rastignac en el entierro del tío Goriot. Su mirada se cernía sobre aquel océano de pizarras y de tejas que recubren tanto lujo, tanta miseria, tantas pasiones. Como un aguilucho, acariciaba su presa con la mirada; pero aún carecía de alas, de pico y de garras, aunque su vista pudiera ya fijarse en el sol. Y decía, contemplando las tumbas: "No hay epitafios más hermosos que éstos: La Fontaine, Massena, Molière: ¡un solo nombre que lo dice todo y que hace soñar!"

Esta frase contiene como una vaga percepción profética que el porvenir realizó, por desgracia, demasiado pronto. En la falda de la colina, sobre una losa sepulcral y bajo un busto de bronce fundido según el mármol de David, esta sola palabra, *Balzac*, lo dice todo y hace soñar al paseante solitario.

El régimen dietético preconizado por Rafael podía ser favorable a la lucidez del cerebro; pero, con seguridad, nada valía para un joven habituado a las comodidades de la vida de familia. Quince meses pasados bajo esos plomos intelectuales, más tristes, a buen seguro, que los de Venecia, habían convertido al fresco turenés de mejillas satinadas y brillantes en un esqueleto parisiense, lívido y amarillo, apenas reconocible. Balzac volvió a la casa paterna y con júbilo se conmemoró la vuelta de aquel hijo tan poco pródigo.

Pasaremos rápidamente por aquella época de su vida en que Balzac procuró conseguir la independencia con especulaciones de librería a las que sólo faltó capital para que tuvieran éxito. Tentativas que le hicieron endeudarse e hipotecar su porvenir, y, a pesar del auxilio abnegado, pero acaso tardío, de su familia, le impusieron esa roca de Sísifo que tantas veces hizo subir hasta el borde de la meseta, pero que caía siempre, cada vez más aplastante, sobre sus hombros de Atlas, cargados ya con todo un mundo.

Esta deuda que Balzac se impuso el sagrado deber de liquidar, pues representaba la fortuna de sus seres queridos, fue la Necesidad armada de un látigo de puntas que le flageló día y noche, sin descanso ni compasión, haciéndole considerar como un robo una hora de descanso o de esparcimiento. Dominó dolorosamente toda su vida y la hizo muchas veces inexplicable a los que no estaban en el secreto.

***

Indicados ya los indispensables detalles biográficos, pasemos a nuestras impresiones directas y personales sobre Balzac.

Balzac, ese cerebro inmenso, ese fisiólogo tan penetrante, ese observador tan profundo, ese espíritu tan intuitivo, no poseía el don literario; abríase en él un abismo entre el pensamiento y la forma. Abismo que, sobre todo en los primeros tiempos, desesperó de poder franquear. Echaba en él, sin colmarlo, volumen tras volumen, noche tras noche, ensayo tras ensayo; y el abismo engulló toda una biblioteca de libros no confesados. Una voluntad menos fuerte se hubiese descorazonado mil veces; mas, por dicha, Balzac tenía una confianza inquebrantable en su genio por nadie reconocido. Quería ser un grande hombre, y lo fue gracias a las proyecciones incesantes de ese fluido más potente que la electricidad y del cual hizo tan sutil análisis en *Luis Lambert*.

Al contrario de los escritores de la escuela romántica, que se distinguieron todos por una audacia y una facilidad de ejecución extraordinarias, y produjeron los frutos casi al mismo tiempo que las flores, en una floración, por decirlo así, involuntaria, Balzac, igual a ellos por su genio, no encontraba la forma de expresión, o no la encontraba sino con grandes penas. Hugo, con su orgullo castellano, decía en uno de sus prefacios: "'Desconozco el arte de soldar una belleza en el lugar de un defecto, y me corrijo en otra obra." Pero Balzac garrapateaba de correcciones una décima prueba, y cuando nos veía devolver a la *Chronique de Paris* las pruebas de un artículo hecho de un tirón en el ángulo de una mesa, con sólo las correcciones tipográficas, no podía creer, por muy satisfecho que estuviera, que hubiésemos puesto en ello todo nuestro talento. "Retocándolo dos o tres veces estaría mejor", nos decía.

Poniéndose a sí propio como ejemplo, nos preconizaba una singular higiene literaria. Era preciso enclaustrarnos dos o tres años, beber agua, comer altramuces remojados como Protógenes, acostarnos a las seis de la tarde, levantarnos a medianoche y trabajar hasta la mañana; emplear el día en revisar, ampliar, acortar, perfeccionar la labor nocturna, corregir las pruebas, tomar notas, hacer los trabajos necesarios, y sobre todo, vivir con la castidad más absoluta. Insistía mucho sobre esta última recomendación, muy rigurosa para un joven de veinticuatro o veinticinco años. Según él, la verdadera castidad desarrolla en alto grado las potencias del espíritu y da a los que la practican facultades desconocidas. Objetábamos tímidamente que los más grandes genios no se habían interdicho ni el amor ni la pasión, ni aun el placer, y citábamos nombres ilustres. Balzac movía la cabeza diciendo: "Otra cosa hubieran hecho sin las mujeres."

La máxima concesión que podía hacernos, y aun a regañadientes, era la de visitar a la persona amada media hora cada año. Las cartas sí las permitía, 'porque forman el estilo".

Mediante este régimen, prometía hacer de nosotros, con las disposiciones naturales que se complacía en reconocernos, un escritor de primer orden. Pero bien se verá en nuestras obras que no seguimos tan sabio plan de estudios.

No se crea que Balzac bromeaba al trazarnos esta regla que los cartujos o los trapenses hubiesen encontrado dura. Estaba perfectamente convencido y hablaba con elocuencia tal, que en varias ocasiones ensayamos conscientemente ese método de alcanzar el genio; nos levantamos varias veces a medianoche, y después de tomar el café inspirador, hecho según fórmula, nos sentábamos ante el escritorio, sobre el cual pronto el sueño nos hacía inclinar la cabeza. *La muerta enamorada*, que se insertó en la *Chronique de Paris*, fue nuestra única obra nocturna.

Por aquella época Balzac escribió para una revista *Facino Cane*, historia de un noble veneciano, el cual, prisionero en los Pozos del palacio ducal, había encontrado, haciendo un paso subterráneo para evadirse, el tesoro secreto de la República, tesoro del que se había llevado buena parte, con la complicidad de un carcelero que logró comprar. Facino Cane, que se había vuelto ciego y tocaba el clarinete bajo el nombre vulgar de "el tío Canet", había conservado, a pesar de su ceguera, la doble vista del oro, y ofrecía al autor, en una boda del barrio de San Antonio, guiarle y conducirle, si le pagaba los gastos de viaje, a aquel amasijo de riquezas del cual se había perdido el rastro con la caída de la República veneciana. Balzac, según dijimos, vivía sus personajes, y entonces era el mismísimo Facino Cane, menos la ceguera, pues jamás se vieron en rostro humano ojos más brillantes. No soñaba, pues, sino con toneladas de oro, pilas de diamantes y de carbúnculos, y mediante el magnetismo, con cuyas prácticas estaba hacía tiempo familiarizado, hacía que los sonámbulos buscaran tesoros ocultos y perdidos. Pretendía haber descubierto de la manera más precisa el lugar en donde, junto al morro de Point-a-Pitre, Toussaint-Louverture había hecho enterrar su botín por unos negros que en seguida fueron fusilados. *El escarabajo de oro* de Edgar Poe no iguala en sutileza de inducción, en limpieza de plan, en adivinación de detalles, el relato febril que nos hizo Balzac de la expedición que podía intentarse para la conquista del tesoro.

Rogamos al lector que no se burle demasiado de nosotros si le confesamos humildemente que pronto compartimos las convicciones de nuestro amigo. ¿Qué cerebro hubiera sido capaz de resistir a su vertiginosa palabra? Julio Sandeau, también fue pronto seducido, y como hacían falta dos compañeros seguros, dos colaboradores abnegados y robustos para las excavaciones nocturnas bajo la dirección del vidente, Balzac tuvo a bien admitirnos cediendo a cada uno un cuarto de tan prodigiosa fortuna. La mitad le correspondía a él, como descubridor del negocio y director de la empresa.

Teníamos que comprar picos, azadas, palas, embarcarlos secretamente a bordo del buque, acudir al lugar señalado por caminos distintos, para no despertar sospechas, y una vez dado el golpe, transbordar nuestras riquezas a un brick fletado de antemano. En suma: era toda una novela, que habría sido admirable de escribirla Balzac en vez de hablarla.

Ni que decir tiene que no desenterramos los tesoros de Toussaint-Louverture. Nos faltaba el dinero para el pasaje, y apenas si lo teníamos para comprar azadones.

Estos sueños de una fortuna súbita lograda con medios raros y maravillosos preocupaban muchas veces a Balzac; pocos años antes (en 1833) había hecho un viaje a Cerdeña para examinar las escorias de unas minas de plata abandonadas por los romanos, escorias que, tratadas como fueron con procedimientos imperfectos, habían de contener todavía, según él, mucho metal. La idea era buena, y confiada imprudentemente, hizo la fortuna de otro.

***

Hemos contado la anécdota del tesoro escondido por Toussaint-Louverture, no por el placer de narrar una historieta original, sino porque se relaciona con una idea dominante en Balzac: el dinero. Nadie, a buen seguro, menos avaro que el autor de *La comedia humana*; pero su genio le hacía presentir el papel inmenso que había de desempeñar en el arte ese héroe metálico, más interesante para la sociedad moderna que los Grandisson, Desgrieux, Werther, René, Waverley y demás.

Hasta entonces la novela habíase limitado a la pintura de una pasión única, el amor; pero el amor en una esfera ideal, fuera de las necesidades y pequeñeces de la vida. Los personajes de estos relatos exclusivamente psicológicos no comían, ni bebían, ni se acomodaban, ni tenían cuenta con el sastre. Las heroínas, no menos inmateriales, parecíanse a las *aquatinta* de Angélica Kauffmann: sombrero grande de paja, cabellos medio rizados a la inglesa, largo vestido de muselina blanca con una faja azul en la cintura.

Con su instinto profundo de la realidad, Balzac comprendió que la vida moderna que quería pintar estaba dominada por algo esencial: el dinero, y ya en *La piel de zapa* tuvo el valor de representar a un amante inquietado no sólo por saber si le ha tocado en el corazón a la amada, sino, además, si llevará dinero bastante para pagar el coche en el cual la acompaña. Esta audacia es acaso una de las más grandes que se ha visto en la literatura, y ella sola bastaría para inmortalizar a Balzac. La estupefacción fue profunda y los puros se indignaron ante esa infracción de las leyes del género; pero todos los jóvenes que yendo de velada a casa de alguna dama, con sus guantes blancos planchados con goma elástica, habían atravesado París a guisa de danzarines, caminando sobre las puntas de sus zapatos y temiendo una salpicadura de barro más que un pistoletazo, compartieron, por haberlas experimentado, las angustias de Valentín, y se interesaron vivamente por aquel sombrero que no podía reponer y conservaba con tan minuciosos cuidados. En los momentos de suprema miseria, el hallazgo de una de las monedas de cinco francos deslizadas entre los papeles del cajón por la púdica conmiseración de Paulina, producía la impresión de los efectos teatrales más logrados. ¿Quién no ha descubierto en un momento de apuro, olvidada en el pantalón o el chaleco una moneda que aparece a tiempo y le salva de la desgracia que más teme la juventud: quedar en ridículo ante la mujer amada por un coche, un ramo, un programa de teatro, la propina a la acomodadora o alguna pequeñez parecida?

Balzac, por lo demás, sobresale en la pintura de la juventud pobre, como ésta suele serlo siempre, empeñada en las primeras luchas de la vida, presa de las tentaciones del placer y del lujo, y soportando profunda miseria alentada por altas esperanzas. Valentín, Rastignac, Bianchon, d'Arthez, Luciano de Rubempré, Lousteau, todos ellos se han debatido con la más dura realidad. Y a todos esos hermosos jóvenes sin un chavo no los hospeda en buhardillas convencionales, tapizadas de damasco, enmarcadas las ventanas con guisantes de olor y con vistas a un florido jardín; no les hace comer esos "alimentos sencillos aderezados por las manos de la naturaleza", ni los viste con trajes sin lujo, pero limpios y cómodos; sino que los pone en pensión en casa de la tía Vauquier, o los hace un ovillo bajo el ángulo agudo del tejado, los pone de codos en la mesa pringosa de las bazofias infames, les endosa vestidos negros con costuras grises y no teme enviarlos a la casa de empeños si conservan por ventura el reloj venerable de su progenitor.

¡Oh Corina!, tú que en el cabo Miseno dejas colgar tu brazo de nieve sobre tu lira de marfil, mientras que el hijo de Albión, envuelto en una magnífica capa nueva y calzado con botas altas, impecablemente lustradas, te contempla y escucha en actitud elegante, ¿qué dirías de estos héroes? Tienen, no obstante, una cualidad que le faltaba a Oswaldo: viven, y con vida tan intensa que diríase haberles encontrado mil veces; y por esta razón Paulina, Delfina de Nucingen, la princesa Cardigan, Mme. de Bargeton, Coralia, Ester, se enamoraron locamente de ellos.

En la época en que aparecieron las primeras novelas firmadas por Balzac, no se tenía en el mismo grado que hoy la preocupación, o, por mejor decir, la fiebre del oro: en California no se había descubierto todavía; apenas existían algunas leguas de vías férreas cuyo porvenir nadie sospechaba y que se consideraban como una especie de resbaladeros que habían de suceder a las montañas rusas, entonces pasadas de moda; el público ignoraba, por decirlo así, lo que hoy denominamos negocios; y sólo los banqueros jugaban a la bolsa. Esa remoción de capitales, ese correr del oro, esos cálculos, esas cifras, esa importancia dada al dinero en cosas que aún se tomaban como simples ficciones novelescas y no como pinturas serias de la vida, asombraban en gran manera a los abonados a las salas de lectura, y la crítica hacía el recuento de las cantidades gastadas o puestas en juego por el autor. Los millones de Grandet daban lugar a discusiones aritméticas, y las personas graves, asombradas por la enormidad de las sumas, ponían en duda la capacidad financiera de Balzac; capacidad grande, sin embargo, como después se reconoció. Decía Stendhal, con cierta fatuidad desdeñosa del estilo, que antes de ponerse a escribir, leía, para que le dieran el tono, tres o cuatro páginas del Código civil. Pues bien, Balzac, que tan bien comprendía al dinero, descubrió en el Código dramas y poemas. *El contrato de casamiento*, en donde pone frente a frente, en las figuras de Matías y de Solonnet, el antiguo y el nuevo notariado, ofrece todo el interés de la más movida comedia de capa y espada. La quiebra en la *Grandeza y decadencia de César Birotteau* nos hace palpitar como la caída de un imperio; la lucha entre el castillo y la cabaña en *Los campesinos* ofrece tantas peripecias como el sitio de Troya. Balzac sabe dar vida a una tierra, una casa, una herencia, un capital, y los convierte en héroes y heroínas cuyas aventuras devoramos con ansiosa avidez.

Estos elementos nuevos introducidos en la novela no gustaron al principio: los análisis filosóficos, la pintura detallada de los caracteres, las descripciones de tal minuciosidad que parecían hechas para lo por venir, eran consideradas como largas digresiones enojosas, y generalmente se las saltaba para ir al argumento. Luego, se reconoció que el objeto del autor no era tejer intrigas más o menos bien tramadas, sino pintar la sociedad en su conjunto, desde la cima a la base, con todo su personal y su mobiliario, y se admiró la inmensa variedad de sus tipos. Alejandro Dumas dijo de Shakespeare que era, después de Dios, el hombre que más había creado; mejor podría aplicarse a Balzac, pues que nunca salieron de cerebro humano tantas criaturas vivas.

Desde aquella época (1836) Balzac había concebido el plan de su *Comedia humana*, y tenía plena conciencia de su genio. Encajó hábilmente en la idea general las obras ya aparecidas y les encontró un lugar en categorías filosóficamente trazadas. Algunas novelas de pura fantasía no se amoldaban del todo, a pesar de las posteriores modificaciones; pero son éstos detalles que se pierden en la inmensidad del conjunto, como adornos de otro estilo en un edificio grandioso.

Ya hemos dicho que Balzac trabajaba penosamente y que, fundidor obstinado, volvía a echar diez o doce veces al crisol el metal que no llenaba exactamente el molde. Como Bernard de Palissy, hubiera quemado los muebles, el entarimado y hasta las vigas de su casa para alimentar el fuego del horno y para que no le fallara el experimento. La más dura necesidad no le hizo entregar jamás una obra en la cual no hubiese puesto el último esfuerzo; y dio ejemplos admirables de probidad literaria. Sus correcciones, tan numerosas que equivalían casi a ediciones distintas de una misma idea, le fueron puestas en cuenta por los editores cuyos beneficios absorbían, y su salario, por lo general módico, dado el valor de la obra y el trabajo que había costado, quedaba reducido en consecuencia. Las cantidades prometidas no llegaban siempre al vencimiento, y para sostener lo que él llamaba riéndose su "deuda flotante", Balzac desplegó recursos de ingenio prodigiosos y una actividad que hubiese absorbido por completo la vida de un hombre ordinario. Pero, cuando sentado ante su mesa, enfundado en su hábito de monje, en pleno silencio nocturno, se encontraba frente a las páginas en blanco sobre las cuales se proyectaba la luz de su candelabro de siete bujías concentrada por una pantalla verde, todo lo olvidaba al coger la pluma, y entonces comenzaba una lucha más terrible que la de Jacob con el ángel: la de la forma y la idea. En aquellas batallas de todas las noches, de las que salía a la mañana molido pero vencedor, cuando la atmósfera de la habitación se enfriaba con el hogar apagado, su cabeza echaba humo y su cuerpo exhalaba un vapor visible, como los caballos en invierno. A veces una sola frase ocupaba una velada entera; la cogía, la volvía a tomar, la retorcía, la amasaba, la alargaba, la acortaba, la escribía de cien maneras distintas y ¡cosa rara! la forma necesaria y absoluta no se presentaba sino después del agotamiento de las aproximativas. Sin duda el metal corría por lo común con chorro más lleno y abundoso; pero son muy pocas las páginas de Balzac que sean idénticas al primer borrador. Su manera de proceder era la siguiente: después de haber vivido y madurado mucho tiempo un asunto, con escritura rápida, sin ilación, emborronada, casi jeroglífica, trazaba como un escenario en pocas páginas que enviaba a la imprenta, de donde volvían en galeradas, es decir en columnas aisladas en mitad de hojas muy grandes. Leía atentamente las galeradas, que daban ya a sus obras en embrión ese carácter impersonal que no tiene el manuscrito, y aplicaba a este esbozo las elevadas facultades críticas que poseía, como si se tratara de la obra de otro. Operaba ya sobre algo, y aprobándose o desautorizándose, mantenía o corregía, pero, sobre todo, añadía. Líneas que partían del comienzo, de la mitad, del final de las frases se dirigían hacia los márgenes, a derecha, a izquierda, arriba, abajo y conducían a desarrollos, intercalaciones, incisos, epítetos y adverbios. Al cabo de unas horas de trabajo hubiérase dicho el ramillete de unos fuegos artificiales dibujado por un niño. Del texto primitivo salían cohetes literarios que estallaban por todos lados. Luego, cruces sencillas, cruces dobles como las del blasón, soles, estrellas, cifras árabes o romanas, toda clase imaginable de llamadas venían a mezclarse a las correcciones. A veces, a los márgenes insuficientes, añadíanse bandas suplementarias de papel pegadas con obleas, prendidas con alfileres, también surcadas por líneas de letra menuda, para ahorrar espacio y también llenas de correcciones, pues una vez hecha una enmienda era corregida a su vez. La galerada impresa desaparecía así en medio de aquel laberinto de apariencia cabalística, que los tipógrafos se pasaban de mano en mano, pues no querían "hacer Balzac" más de una hora.

Al día siguiente volvían a traer las galeradas con las correcciones hechas; y ya aumentado el texto en la mitad, Balzac ponía otra vez mano a la obra, ampliando siempre, ajustando aquí un rasgo, allá un detalle, un cuadro, una observación de costumbres, una palabra característica, una frase de efecto, haciendo que la forma acosara a la idea, acercándose cada vez más a su trazado interior, buscando, como un pintor, entre tres o cuatro contornos, la línea definitiva. A veces, luego de terminado el terrible trabajo con una intensidad de atención de la que sólo él era capaz, observaba que el pensamiento se había tergiversado con la ejecución, que predominaba un episodio, que una figura que para el efecto general tenía que ser secundaria se destacaba de su plano, y de un plumazo echaba por tierra valerosamente el resultado de tres o cuatro noches de labor. En tales circunstancias era verdaderamente heroico.

Seis, siete y a veces hasta diez pruebas volvían así con tachaduras y correcciones sin lograr satisfacer los deseos de perfección del autor. Hemos visto en los Jardies, en los estantes de una biblioteca formada por sólo sus producciones, cada serie de pruebas distintas de la misma obra encuadernadas en tomo aparte, desde el primer impulso hasta la obra definitiva. La comparación del pensamiento de Balzac correspondiente a esos diversos estados sería un estudio muy curioso y contendría provechosas enseñanzas literarias. Cerca de aquellos volúmenes un librejo de aspecto siniestro, encuadernado en tafilete negro, sin herrajes ni dorados, nos llamó la atención: "Vedle, dijo Balzac, es una obra inédita que tiene mucho valor." El título rezaba así: *Cuentas melancólicas*, y contenía la anotación de las deudas, los vencimientos de letras de cambio, las cuentas de los proveedores, toda la papelería amenazadora que el Timbre legaliza. Aquel volumen, como irónico contraste, estaba colocado al lado de los *Cuentos regocijados*, "de los cuales no es continuación", decía riéndose el autor de *La comedia humana*.

A pesar de tan laboriosa ejecución, Balzac producía mucho, gracias a una voluntad sobrehumana apoyada en un temperamento de atleta y una reclusión de monje. Durante dos o tres meses seguidos, cuando tenía alguna obra importante entre manos, trabajaba dieciséis o dieciocho horas de las veinticuatro; no concediendo a la animalidad sino seis horas de un sueño pesado, febril, convulsivo, provocado por el entorpecimiento de la digestión después de una comida hecha a toda prisa. Entonces desaparecía por completo y sus mejores amigos perdían sus huellas; mas no tardaba en salir de bajo tierra, agitando una obra maestra sobre su cabeza, y riéndose con su risa franca,

aplaudiéndose a sí mismo con ingenuidad perfecta y pro-
digándose unas alabanzas que, por lo demás, no pedía a
nadie. Pues no hubo autor que menos se preocupara de los
artículos críticos y los reclamos de sus libros; dejaba que su
reputación fuera fraguándose sola, y jamás cortejó a los
periodistas. Además, esto le hubiera llevado tiempo: entre-
gaba el original, cobraba el dinero y corría a distribuirlo
entre sus acreedores, que a veces le esperaban en el patio
del periódico, como, por ejemplo, los albañiles de los
Jardies.

A veces, por la mañana, llegaba jadeante, agotado, atur-
dido por el aire fresco, como un Vulcano que se escapara de
su fragua, y se desplomaba sobre un diván: la velada interminable le había puesto hambriento, y apilaba sardinas con
mantequilla haciéndose como una pomada que le recordaba las "rillettes" de Tours y que extendía sobre el pan. Era
su manjar favorito; y no bien lo había comido se dormía,
recomendándonos antes que le despertáramos al cabo de
una hora. Sin tener en cuenta su consigna, respetábamos
aquel sueño tan bien ganado y hacíamos callar todos los
rumores del piso. Y cuando Balzac se despertaba por sí
mismo y veía que el crepúsculo vespertino esparcía sus
tonos grises por el cielo, saltaba abrumándonos con injurias, llamándonos traidor, ladrón, asesino: le habíamos
hecho perder diez mil francos, pues, despierto, hubiera
podido tener la idea de una novela que le habría producido

esa cantidad, sin contar las reimpresiones. Eramos causa de graves catástrofes y desórdenes no imaginables: había faltado a citas con banqueros, editores, duquesas, no estaría preparado para los vencimientos; aquel sueño fatal le costaría millones. Pero ya estábamos acostumbrados a esas prodigiosas martingalas de Balzac, que partiendo de las cifras más modestas alcanzaba sumas monstruosas, y nos consolábamos fácilmente al ver reaparecer sus hermosos colores en sus reposadas mejillas.

Por aquel entonces Balzac vivía en Chaillot, en la calle de las Batallas, en una casa desde la cual se descubría una vista admirable: el curso del Sena, el Campo de Marte, la Escuela Militar, la cúpula de los Inválidos, gran parte de París y más allá los ribazos de Meudon. Había dispuesto allí un interior bastante lujoso, pues sabía que París no cree en los talentos pobres, y que el *parecer* suele traer el *ser*. A ese período corresponden sus veleidades de elegancia y dandismo, el célebre vestido azul con botones de oro macizo, la maza con empuñadura de turquesas, las apariciones en los Bufos y la Opera, las visitas frecuentes al mundo, en las cuales era solicitado por su verbosidad chispeante, visitas útiles por lo demás, pues encontró en ellas más de un modelo.

No era fácil penetrar en aquella casa, mejor guardada que el jardín de las Hespérides. Dos o tres palabras de santo y seña eran exigibles, y Balzac, por temor a que se difundieran, las cambiaba a me nudo. Recordamos ahora éstas: al portero se le decía: "Ha llegado la temporada de las ciruelas", y entonces os dejaba pasar la entrada; al criado que acudía al rellano al sonido de la campana había que susurrarle: "Traigo encajes de Bélgica", y si por fin asegurabais al ayuda de cámara que "Mme. Bertrand se encontraba muy bien", teníais libre el paso.

Estas niñerías divertían mucho a Balzac, y acaso fueran necesarias para apartar a los importunos y a otros visitantes más desagradables todavía.

En *La muchacha de los ojos de oro* se encuentra una descripción del salón de la calle de las Batallas. Es de una fidelidad escrupulosa, y acaso no le disgustará al lector ver el antro del león pintado por él mismo; no hay ni un solo detalle añadido ni suprimido.

"La mitad del tocador describía una línea circular muellemente graciosa, que se oponía a la otra parte perfectamente cuadrada, en medio de la cual lucía una chimenea de mármol blanco y oro. Entrábase por una puerta lateral, oculta por una rica cortina de tapicería, y que hacía frente a una ventana. La herradura estaba adornada de un verdadero diván turco, es decir un colchón extendido en el suelo, pero ancho como una cama, un diván de cincuenta pies de vuelta, forrado de casimir blanco realzado con borlitas de seda negra y encarnada dispuestos en rombos; el respaldo de tan inmensa cama se elevaba algunas pulgadas por encima de los numerosos almohadones que lo adornaban con el gusto de sus agremanes. Este tocador estaba tapizado de una tela roja sobre la cual había muselina de las Indias acanalada como una columna corintia por tubos alternativamente cóncavos y convexos cortados arriba y abajo por una cenefa de tela color rojo, en la que estaban dibujados arabescos negros. Bajo la muselina, el rojo se volvía rosa, amoroso color que repetían las cortinas de la ventana, que eran de muselina india, forrada de tafetán rosa con franjas de color rojo mezclado con negro. Seis brazos de plata sobredorada con dos velas cada uno, y aplicados en la pared a distancias iguales iluminaban el diván. El techo, en medio del cual pendía una araña de dorado mate, era de un blanco deslumbrador, y la cornisa, dorada. La alfombra parecía por sus dibujos un chal de Oriente, y recordaba las poesías de Persia, en donde manos de esclavos la habían trabajado. Los muebles estaban cubiertos de casimir blanco realzado con adornos negros y rojos. El reloj, los candelabros, eran de mármol blanco y oro. La única mesa tenía un tapete de casimir, y había también elegantes jardineras con rosas de todas clases, blancas o encarnadas."

Podemos añadir que sobre la mesa lucía una magnífica escribanía de oro y malaquita, regalo sin duda de algún admirador extranjero.

Con infantil satisfacción Balzac nos mostró ese tocador en el salón cuadrado, que dejaba naturalmente huecos en las rinconeras de la mitad redondeada. Cuando hubimos admirado bastante los coquetones esplendores de esta habitación cuyo lujo no parecería hoy tan grande, Balzac abrió una puerta secreta y nos hizo penetrar en un corredor obscuro que daba la vuelta al hemiciclo: en una de las rinconeras había una camita de hierro, en la otra una mesa "con todo lo necesario para escribir": allí se refugiaba Balzac para machacar al abrigo de toda sorpresa y toda investigación.

Varias capas de tela y de papel acolchaban el tabique de manera a interceptar cualquier ruido, tanto por un lado como por otro. Para tener la seguridad de que ningún rumor podía traspasar del salón afuera, Balzac nos rogó que entráramos en la pieza y gritáramos con toda la fuerza de nuestros pulmones: todavía se oía un poco y era preciso pegar algunas hojas más de papel gris para apagar del todo el sonido. Todo este misterio nos intrigaba mucho y preguntamos el motivo. Balzac nos dio uno que hubiera aprobado Stendhal, pero que la gazmoñería moderna nos impide reproducir. El caso es que ya disponía en su cabeza la escena de Enrique de Marsay y de Paquita y se preocupaba por saber si en un salón así dispuesto los gritos de la víctima llegarían a oídos de los demás habitantes de la casa.

En aquel mismo tocador nos dio una comida espléndida, para la cual encendió él mismo las velas de los brazos de plata sobredorada de la araña y de los candelabros. Los convidados eran el marqués de B***, el pintor L. B.; aunque muy sobrio y abstemio por costumbre, Balzac no temía de vez en cuando regalarse a cuerpo de rey; comía con jovial glotonería, que daba apetito, y bebía de manera pantagruélica. Cuatro botellas de vino blanco de Vouvray, uno de los más espirituosos que se conocen, no alteraban en nada su poderoso cerebro y no hacían sino comunicar un chisporroteo más vivo a su alegría. ¡Qué de cuentos sabrosos nos refirió a los postres! Rabelais, Beroalde de Verville, Eutrapel, Le Pogge, Straparole, la reina de Navarra y todos los doctores en gaya ciencia hubieran reconocido en él un discípulo y un maestro.

Uno de los sueños de Balzac era la amistad heroica y abnegada: dos almas, dos esfuerzos, dos inteligencias fundidas en la misma voluntad. Pedro y Jallier, de la Venecia salvada, de Otway, le habían impresionado mucho, y los mencionaba con frecuencia. La *Historia de los trece* no es más que esta misma idea ampliada y complicada: una unidad poderosa compuesta de seres múltiples que obran todos ciegamente por una finalidad aceptada y convenida. Y ya se sabe qué efectos impresionantes, terribles y misteriosos sacó de este punto de partida en *Ferragus*, *La duquesa de Langeais*, *La muchacha de los ojos de oro;* pero, en Balzac, la vida real y la intelectual no se diferenciaban con tanta limpieza como en muchos autores, y sus creaciones le seguían fuera de su gabinete de estudio. Quiso formar una asociación parecida a la que reunía a Ferragus, Montriveau,

Ronquerolles y sus compañeros. Sólo que no se trataba de golpes tan atrevidos; cierto número de amigos debían ayudarse y socorrerse en toda ocasión y trabajar en la medida de sus fuerzas para el éxito y la fortuna del designado, a cambio, naturalmente, de reciprocidad. Entusiasmado con su proyecto, Balzac reclutó a varios afiliados que no puso en relación unos con otros sino con las precauciones que hubiera tomado una *venta de carbonari*. Cuando los hubo designado en número suficiente, reunió a los adeptos y declaró el objeto de la sociedad. No hay que decir que los estatutos fueron aprobados por aclamación. Nadie como Balzac poseía el don de desconcertar, de sobreexcitar, de embriagar los cerebros más fríos y los caracteres más sentados. Tenía una elocuencia desbordada, tumultuosa, arrolladora; no había con él objeción posible, porque le anegaba a uno en tal diluvio de palabras que había que callarse. Por lo demás, tenía respuesta para todo, y por si fuera poco, lanzaba miradas tan fulgurantes, tan cargadas de fluido, que infundía verdaderamente sus deseos.

La primera reunión se celebró en casa de un restaurador, cuya muestra era un cuadrúpedo *rubica pictus*, lo que sugirió a Balzac la idea de la denominación de El caballo rojo. Cuando era precisa una reunión, Balzac, elegido por unanimidad gran maestre de la orden, enviaba con un confidente a cada *caballo*, que tal era la designación de los miembros, una carta en cuyo membrete figuraba un caballito rojo, con estas palabras: "Establo, tal día en tal parte", pues el lugar variaba cada vez por temor a despertar sospechas. En sociedad, aunque casi todos nos conocíamos de antiguo, teníamos que evitar hablarnos y todo lo más tratarnos con frialdad, para descartar toda idea de connivencia. A veces, en un salón, Balzac fingía verme por primera vez y con guiños y muecas, como los actores en sus apartes, parecía indicarme: "¡Ved qué bien desempeño mi papel!"

¿Cuál era la finalidad de *El caballo rojo*? ¿Derribar el gobierno, fundar una nueva religión, dominar a los hombres? Mucho menos. Simplemente, apoderarse de los periódicos, invadir los teatros, sentarse en los sillones de la Academia y acabar modestamente par de Francia, ministro y millonario. Todo esto, según Balzac, era cosa fácil: bastaba entenderse. Y aquel diablo de hombre tenía tal fuerza de visión que nos describía a cada uno de nosotros y en sus menores detalles, la vida espléndida y gloriosa que había de procurarnos la asociación. Para él, no existía lo futuro: todo era presente; el porvenir evocado se desprendía de su brumosidad y adquiría la limpieza de las cosas palpables; la idea era tan viva que en cierto modo se volvía real. Si hablaba de un almuerzo, lo comía al contarlo; si de un coche, sentía bajo él los blandos almohadones y la tracción sin sacudidas; y entonces se pintaba en su rostro un bienestar perfecto, un deleite profundo, aunque estuviera en ayunas y caminara por la calle mal pavimentada con zapatos destalonados.

Hoy sonreímos al traicionar después de tantos años el secreto de aquella masonería literaria que no tuvo más resultados prácticos que el reclamo para un libro que no lo necesitaba; pero, en aquel tiempo, llegamos a tomarnos la cosa en serio. Sin embargo, después de cuatro o cinco reuniones *El caballo rojo* dejó de existir, porque la mayor parte de los caballos no tenían con qué pagar la simbólica avena, los quince francos de cuota: y cada cual tuvo que librar solo el combate de la vida, luchando con sus propias armas. Esto explica, sin duda, por qué Balzac no fue de la Academia y murió simple caballero de la Legión de Honor.

La idea, no obstante, era buena, porque Balzac, como él lo dice de Nucingen, no podía tener una idea mala. Otros la han puesto en obra sin rodearla de tanta fantasmagoría novelesca.

Desmontado de una de sus quimeras, Balzac se encaramaba pronto sobre otra y salía para un nuevo viaje hacia lo azul con aquella ingenuidad infantil que se aliaba en él a la sagacidad más profunda y el espíritu más alambicado.

¡Cuántos proyectos extravagantes nos ha expuesto, cuántas paradojas ha defendido, siempre con la misma buena fe! Tan pronto sostenía que se podía vivir con nueve sueldos diarios, como exigía cien mil francos para pasarlo medianamente. Una vez le acosamos para que estableciese la cuenta en cifras y a la objeción que le hicimos de que aún quedaban treinta mil francos para emplear, replicó: "Pues bien, son para rábanos y mantequilla. ¿Cuál es la casa que se estime en la que no se coman treinta mil francos de rábanos y mantequilla?" Y eso lo dijo con una mirada de soberano desprecio, como significando: "Ese Theo es un incapaz, un pelado y un mezquino, que no tiene idea de lo que es vivir en grande."

Los *Jardies* preocuparon la atención pública cuando Balzac los compró con el sano propósito de constituir un recurso para su madre. Al pasar en vagón por el ferrocarril que atraviesa. Ville-d'Avray, todos miraban con curiosidad aquella casita, medio chalet, que se levantaba en un terreno inclinado y de aspecto arcilloso.

Aquel terreno, según Balzac, era el mejor del mundo; pretendía que antaño se daba en él una vid famosa cuyos racimos, gracias a una exposición sin igual, maduraban como los de Tokay en las colinas de Bohemia. El sol, por cierto, tenía allí plena libertad para madurar la vendimia, pues no había un solo árbol. Balzac probó de cercar la propiedad con muros que se hicieron célebres por su obstinación en desmoronarse o en resbalar en una pieza sobre la escarpadura demasiado abrupta, y soñaba para aquel lugar privilegiado los cultivos más exóticos y fabulosos. Aquí se coloca naturalmente la anécdota de los ananás, tantas veces contada, y que pasaríamos por alto si no pudiéramos añadirle un rasgo característico. He aquí el proyecto: cien mil pies de ananás se plantarían en el cercado de los *Jardies*, metamorfoseado en invernaderos que apenas exigían calefacción dado lo tórrido del lugar. Los ananás debían venderse a cinco francos y no a veinte que era su precio habitual, o sea que producirían quinientos mil francos; y deduciendo cien mil para gastos, quedaban cuatrocientos mil francos limpios, que constituían una renta espléndida, "sin ningún original", añadía Balzac. Esto no sería nada, pues proyectos así los tuvo a miles; pero lo bueno es que buscamos juntos en el bulevar Montmartre una tienda para vender los ananás en germen. Tenía que estar pintada de negro con filetes dorados y poner con grandes letras: *Ananás de los Jardies.*

Para Balzac, los cien mil ananás erizaban ya su cresta de hojas dentadas por encima de los grandes conos dorados, bajo bóvedas de cristal: los veía, se esponjaba con la elevada temperatura del invernadero, y aspiraba el tropical perfume con sus narices apasionadamente abiertas. Y cuando, vuelto a la casa, apoyado en la ventana, veía caer silenciosamente la nieve por la laderas descarnadas, apenas se desengañaba de su ilusión.

Vamos escribiendo estos recuerdos a medida que se nos ocurren, sin intentar seguimiento en ellos. Por lo demás, como decía Boileau, las transiciones son la gran dificultad de la poesía... y de los artículos, añadimos nosotros.

Mme. de Girardin sentía por Balzac viva admiración, que a él le halagaba y de la que se mostraba reconocido con frecuentes visitas, a pesar de la legítima avaricia que de su tiempo y de sus horas de trabajo sentía. Ninguna mujer poseyó en más alto grado que Delfina, como nos permitíamos llamarla familiarmente, el don de excitar el ingenio de sus visitantes. Con ella, siempre se estaba en vena, y salíamos de su salón maravillados de nosotros mismos. No había guijarro del que no hiciera brotar una chispa; y con Balzac, como se puede suponer, no hacían falta muchos golpes, pronto chispeaba y se inflamaba. No era lo que se llama precisamente un conversador, de réplica fácil, de ingenio vivo para soltar la palabra fina e incisiva, que varía de asuntos sin romper el hilo de la charla, que todo lo toca con ligereza; pero tenía una facundia, una elocuencia, un brío irresistibles; y como todos se callaban para oírle, con él, y a gusto de todos, la conversación pronto degeneraba en soliloquio. Olvidado el punto de partida, pasaba de una anécdota a una reflexión filosófica, de una observación de costumbres a una descripción local. Y, a medida que hablaba, su rostro se coloreaba, los ojos adquirían una luminosidad particular, la voz tomaba inflexiones distintas, y a veces se echaba a reír estrepitosamente, alegrado con las apariciones cómicas que veía antes de pintarlas. Así, como con una charanga, anunciaba la entrada de sus caricaturas y sus bromas, y pronto su hilaridad era compartida por los concurrentes.

Aunque fuese aquélla la época de los ensoñadores desmelenados como sauces y de los byronianos desilusionados, Balzac tenía la jovialidad robusta y poderosa que se le supone a Rabelais y que Molière sólo mostró en sus obras. Su risa franca en sus labios sensuales era como la de un dios buen muchacho al que divierte el espectáculo de los fantoches humanos y de nada se aflige porque todo lo comprende. Ni las molestias de una situación muchas veces precaria, ni las preocupaciones pecuniarias, ni la fatiga de los trabajos excesivos, ni el renunciamiento a todos los placeres de la vida, ni la enfermedad pudieron abatir aquella jovialidad hercúlea, que es, a nuestro parecer, uno de los caracteres más sorprendentes de Balzac. Abatía las hidras riéndose, partía alegremente en dos los leones, y llevaba, como si fuera una liebre, sobre sus hombros musculosos, el jabalí de Erimanto. A la menor provocación esa jovialidad estallaba, sacudiendo la fortaleza de su pecho; y aunque sin duda eso le chocaba a algún delicado, preciso era tomar parte en ella, por muchos esfuerzos que se hicieran para conservar la seriedad. Pero no vaya a creerse que Balzac se propusiera divertir a la galería. Obedecía como a una embriaguez interior y pintaba con trazos rápidos, con una intensidad cómica y un la lento bufo extraordinarios, las extrañas fantasmagorías que danzaban en la cámara obscura de su cerebro. No sabría comparar mejor la impresión producida por alguna de sus conversaciones sino a la que se experimenta al hojear los raros dibujos de los *Sueños regocijados* del maestro Alcofribas Nasier. Son personajes monstruosos compuestos de los más heterogéneos elementos. Unos tienen por cabeza un silbato cuyo agujero representa el ojo; otros por nariz un cuello de alambique; éstos caminan sobre ruedas en lugar de pies; aquéllos se redondean con panza de marmita y se tocan con la tapadera; pero, a todos esos seres quiméricos los anima una vida intensa y se reconocen en sus máscaras gesticulantes los vicios, las locuras y las pasiones humanas. Algunos, aunque situados absurdamente fuera de lo posible, le sorprenden a uno como retratos: daríaseles un nombre.

Cuando se escuchaba a Balzac, toda una mascarada de fantoches extravagantes, pero reales, penetraba ante los ojos, echándose al hombro una frase pintorreada, tirándoos de los faldones, diciéndoos al oído vuestros secretos con voz fingida y nasal, dando saltos y danzando entre un rebrilleo de luces y de lentejuelas. No cabe nada más vertiginoso, y al cabo de media hora parecía, como al estudiante después del discurso de Mefistófeles, que una rueda de molino le daba a uno vueltas por el cerebro.

No estaba siempre en este tono, y otras veces una de sus bromas predilectas era imitar la jerga alemana de Nucingen o de Schmuke, o bien hablar en rama, como los habitantes de la pensión burguesa de Mme. Vauquer. Cuando escribió *Una salida al mundo* sobre un borrador de

Mme. de Surville, buscaba proverbios por aproximación para el pintamonas Mistigris, a quien luego, habiéndolo encontrado ingenioso, dio un buen lugar en *La comedia humana*, con el nombre del gran paisajista León de Lora. He aquí algunos de esos proverbios: *Il est comme un âne en plaine en vez de une âme en peine* (o sea: "Está como asno en llanura" en lugar de "Está como alma en pena"); *Les extrêmes se bouchent en vez de se touchent* (o sea "Los extremos se tapan" en lugar de "Los extremos se tocan"), y así sucesivamente. Un hallazgo de esta clase le ponía de buen humor, y comenzaba a hacer monadas y dar zancadas de elefante entre los muebles, dando la vuelta al salón. Por su parte, Mme. de Girardin estaba a la busca de palabras para su célebre dama "de las siete sillitas" de *El correo de París*. A veces era requerido nuestro concurso, y si hubiese penetrado algún extraño, al ver a la hermosa Delfina peinando pensativa los rizos de su cabellera de oro con sus níveos dedos, a Balzac repanchigado en el gran sillón acolchado en donde solía dormitar Mr. de Girardin, crispadas las manos en el fondo de los bolsillos, doblado el chaleco sobre el vientre, balanceando una pierna con ritmo monótono y expresando con la contracción de los músculos del rostro una concentración de espíritu extraordinaria; y a mí mismo acurrucado entre los almohadones del diván como un "thieriaki" alucinado, sin duda no hubiera podido sospechar lo que hacíamos tan concentrados. Hubiera supuesto que Balzac pensaba en una nueva Mme. Firmiani; Mme. Girardin en un papel para la Raquel, y yo en algún soneto; pero no era nada de eso. En cuanto al juego de vocablos, Balzac, aunque su secreta ambición era dominarlo, tuvo que reconocer su incapacidad, tras de laboriosos esfuerzos, y contentarse con los proverbios aproximativos que precedieron a los juegos de palabras aproximativos pues tos de moda por la escuela del buen sentido. ¡Qué agradables veladas que ya no volverán!; Y qué lejos estábamos de prever que aquella mujer alta y soberbia, como tallada en mármol antiguo, aquel hombre rechoncho, robusto, vivaz, que reunía en él el vigor del jabalí y el del toro, medio hércules y medio sátiro, hecho para vivir más de cien años, irían a descansar tan pronto, la una en Montmartre y el otro en el Père Lachaise, y que, de los tres, yo solo quedaría para fijar unos recuerdos tan lejanos ya y próximos a perderse!

Como su padre, que murió accidentalmente a los ochenta años, Balzac creía en su longevidad. A menudo hacía conmigo proyectos para lo futuro: tenía que terminar *La comedia humana*, escribir la *Teoría de los andares*, la *Monografía de la virtud*, unos cincuenta dramas, conseguir una gran fortuna, casarse, tener dos hijos "pero no más: dos niños hacen muy bien en los asientos delanteros de una carretela". Todo esto no dejaba de ser largo, y le hacíamos observar que una vez realizado, habría llegado a los ochenta años. "¡Ochenta años!, exclamaba. ¡Bah!, ¡es la flor de la edad!"

Un día que comimos juntos en casa de Delfina, nos contó una anécdota de su padre para demostrar la fortaleza de su raza. Balzac padre, colocado en casa de un procurador, comía, según era entonces costumbre, a la mesa del dueño junto con los demás escribientes. Sirvieron perdices. La procuradora, que tenía puestos los ojos en el recién llegado, le preguntó: "Señor Balzac, ¿sabe usted trinchar?" "Sí, señora", contestó el joven, colorado hasta las orejas; y empuñó valerosamente cuchillo y tenedor. Ignorante por completo de la anatomía culinaria, partió la perdiz en cuatro; pero, con tal fuerza, que rajó el plato, cortó el mantel y aún señaló la madera de la mesa. No era hábil, pero sí fuerte: la procuradora sonrió, y a partir de aquel día, añadió Balzac, el joven pasante fue tratado en la casa con mucha dulzura.

La historieta así contada parece fría; mas había que ver la mímica de Balzac, que imitaba sobre su plato la hazaña paterna; el aire a la vez asustado y resuelto que tomaba, la manera como cogía el cuchillo después de haberse arremangado y cómo pinchaba con el tenedor una perdiz imaginaria. Sus mejillas se ponían como la grana, los ojos se le salían de la cabeza; pero, una vez la operación terminada, ¡qué mirada de satisfacción paseaba sobre los presentes, buscando a disimularse bajo la modestia!

Por otra parte, Balzac tenía condiciones de gran actor, y una voz llena, sonora, metálica, de timbre rico y potente, que sabía moderar y dulcificar cuando convenía; leía de una manera admirable, talento de que carecen la mayor parte de los actores. Lo que refería lo representaba con entonaciones, expresiones y gestos que, a mi entender, ningún actor hubiera aventajado.

Encontramos en *Margarita*, de Mme. de Girardin, este recuerdo de Balzac. Habla un personaje del libro. "Nos contó que Balzac había comido la víspera en su casa y que había estado más brillante, más deslumbrador que nunca. ¡Cómo les había divertido con el relato de su viaje a Austria! ¡Qué fuego! ¡Qué facundia! ¡Qué poder de imitación!" Era maravilloso. Su manera de pagar a los postillones es una invención que sólo un novelista de genio podía encontrar. "Estaba muy apurado a cada relevo, decía, para pagarles. No sabía una palabra de alemán, no conocía la moneda del país. Era cosa difícil. Pero ved lo que imaginé. Llevaba un saquito lleno de monedas pequeñas de plata, de kreutzers... Llegado a la parada cogía el saco; el postillón se venía a la portezuela del coche; yo le miraba fijamente entre los ojos y le ponía en la mano un kreutzer..., dos kreutzer..., luego tres, cuatro..., hasta que le veía sonreír... Entonces comprendía que le había dado un kreutzer de más... Rápido cogía la moneda, y el hombre estaba pagado."

En los Jardies nos leyó *Mercadet*, el *Mercadet* primitivo, mucho más amplio, complicado y abundoso que la pieza arreglada para el "Gymnase" por d'Ennery, con tanto tacto y habilidad. Balzac, que leía como Tieck, sin indicar ni los actos, ni las escenas, ni los personajes, hacía una voz especial, y que se reconocía perfectamente, para cada uno de éstos; los órganos vocales de que dotaba a las distintas clases de acreedores eran de un cómico subido; los hacía roncos, melifluos, precipitados, arrastrados, amenazadores, plañideros; y la acción gañía, maullaba, murmuraba, refunfuñaba, aullaba en todos los tonos posibles e imposibles. La Deuda cantaba primero un solo, sostenido pronto por un coro inmenso. Porque salían acreedores de todas partes: detrás de la estufa, debajo de la cama, de los cajones de la cómoda; los vomitaba el tubo de la chimenea, se filtraban por el ojo de la cerradura, escalaban la ventana como amantes: era una batahola, un bullicio, una invasión, una verdadera marea ascendente. Y, por mucho que Mercadet se los sacudiera, otros llegaban al asalto, y hasta el horizonte se adivinaba un hormiguero sombrío de acreedores en marcha, que llegaban como legiones de termes para devorar su presa. No sé si la obra era mejor así, pero jamás en la representación me produjo tal efecto.

Balzac, durante esta lectura de *Mercadet*, estaba medio tumbado en un largo diván en el salón de los Jardies, porque se había torcido un pie, resbalando, como sus muros, en la arcilla de su propiedad.

Por lo demás, las magnificencias de los Jardies sólo existían en sueños. Todos los amigos de Balzac recuerdan haber visto escrito con carbón sobre las paredes desnudas o forradas con papel gris: "Entabladura de palisandro, tapiz de los Gobelinos, espejo de Venecia, cuadro de Rafael." Gerardo de Nerval ya había decorado una habitación en esta forma, por lo que no nos asombramos de ello. En cuanto a Balzac, creíase realmente rodeado de mármoles, oro y sedas; pero si jamás terminó los Jardies y dio motivo a risa con sus quimeras, supo por lo menos edificarse una mansión eterna, un monumento "más duradero que el bronce", una ciudad inmensa poblada por sus creaciones y dorada por el sol de su gloria.

***

Por una extravagancia de la naturaleza, que le es común con varios de los escritores más poéticos del siglo, como Chateaubriand, Mme. de Staël, George Sand, Janin, Balzac no poseía el don del verso, por muchos esfuerzos que hiciera para lograrlo. Sobre este punto, su juicio tan fino, profundo y sagaz, le fallaba; admiraba un poco al azar ¿y guiándose por la notoriedad pública. No creemos, por más que sintiera por Víctor Hugo un gran respeto, que jamás hubiera sido muy sensible a sus cualidades líricas, si bien su prosa a la vez esculpida y colorida le maravillaba. A pesar de su laboriosidad, que le llevaba a retorcer una frase tantas veces como pudiera hacerlo un versificador con un alejandrino, encontraba la labor métrica pueril, fastidiosa y sin utilidad.

En esto su opinión era parecida a la de Stendhal: "La idea de que una obra ha sido hecha a pie cojo, ¿puede añadir algo al placer que produce?" Tal era, en el fondo, la opinión de Balzac; aunque para parecer universal y comprensivo, muchas veces en sociedad simulaba admirar la poesía, como los burgueses simulan entusiasmo por la música, que les aburre profundamente. Siempre le extrañaba vernos hacer versos, y que encontráramos placer en ello; la estima en que nos tenía era por la prosa. Todos los escritores jóvenes de entonces que se relacionaban con el movimiento literario representado por Hugo, servíanse a la vez, como el maestro, de la lira y de la pluma: Alfredo de Vigny, Sainte-Beuve, Alfredo de Musset, hablaban indistintamente el lenguaje de los dioses y el de los hombres. Nosotros mismos, si nos es permitido citarnos junto a esos nombres gloriosos, tuvimos desde el principio esta doble facultad. Siempre les será fácil a los poetas descender a la prosa: el pájaro puede andar, mas el león no vuela: los prosistas de nacimiento no pueden remontarse a la poesía, por muy poéticos que sean. El don de la palabra rimada es un don particular; unos lo poseen sin ser genios, mientras que muchas veces le es negado a los espíritus superiores. Y entre los más orgullosos que en apariencia lo desdeñan, algunos tienen a su pesar como un secreto rencor por no poseerlo.

Entre los dos mil personajes de *La comedia humana* se encuentran dos poetas: Canalis de *Modesta Mignon* y

Luciano de Rubempré de *Esplendor y miseria de las corte-sanas*; y Balzac los representa a ambos con rasgos desfavorables. Canalis es un espíritu seco, frío, estéril, lleno de pequeñeces, hábil arreglador de palabras, joyero falso, cuyos volúmenes llenos de blancos sólo contienen naderías melodiosas, una música monótona propia para hacer dormir o hacer soñar a las colegialas. Balzac, que suele interesarse calurosamente por sus personajes, parece encontrar un secreto placer en ridiculizar a éste y colocarle en situaciones embarazosas, y acaba por quitarle a Modesta Mignon, con toda su fortuna, para dársela a Ernesto de la Briére. Y este desenlace, contrario al comienzo de la historia, rebosa malicia disimulada y muy fina burla. Diríase que Balzac se alegra personalmente de la buena jugada que le hace a Canalis, y se venga a su manera de los angelitos, silfos, lagos, cisnes, sauces, liras y estrellas prodigados por el poeta.

Si en Canalis tenemos al falso poeta, al hombre hábil que utiliza sus éxitos literarios, laboriosamente preparados, para sus ambiciones políticas, al ser positivo que ama el dinero, las cruces y los honores, a pesar de sus actitudes elegiacas y angelicales, Luciano de Rubempré representa el poeta perezoso, frívolo, despreocupado, caprichoso y nervioso como una mujer, incapaz de un esfuerzo sostenido, sin fuerza moral, que vive a costa de comediantas y cortesanas. Cierto que, a pesar de todos sus vicios, Luciano es seductor; Balzac lo ha dotado de ingenio, belleza, juventud y elegancia; las mujeres lo adoran; pero acaba ahorcándose en la Conciergerie. Cierto también que Balzac hace cuanto puede para llevar a buen fin el casamiento de Clotilde de Grandlieu con el autor de *Margaritas*, mas, por desgracia, existen las exigencias de la moral y ¿qué hubiera dicho el "faubourg Saint-Germain" de *La comedia humana* si el discípulo del presidiario Santiago Collin se hubiese desposado con la hija de un duque?

A propósito del autor de *Margaritas*, un detalle que acaso interesará a los curiosos. Los sonetos que Luciano de Rubempré enseña como muestra al librero Dauriat no son de Balzac, que jamás los hizo, y los pedía a sus amigos cuando los necesitaba. El soneto de la Margarita es de Mme. de Girardin, el de la Camelia de Lassailly y el del Tulipán de un servidor de ustedes.

El grande hombre literario de *La comedia humana* es Daniel d'Arthez, escritor serio, laborioso y enfrascado durante mucho tiempo antes de alcanzar la gloria en profundos estudios de filosofía, de historia y de lingüística. Balzac le temía a la facilidad, y no creía que una obra hecha rápidamente pudiera ser buena. En este aspecto el periodismo le repugnaba singularmente, y consideraba como perdidos el tiempo y el talento que a él se consagraban; tampoco gustaba de los periodistas, y, a pesar de ser un gran crítico, menospreciaba la crítica.

Lo cierto es que Balzac no trabajó jamás desde el punto de vista periodístico. Llevaba sus novelas a las revistas y a los diarios tal como se presentaban, sin preparar suspensiones y trucos interesantes al final de cada folletín, para que se esperara con ansia la continuación. Cortaba la obra en rebanadas de longitud aproximada, y a veces la descripción de un sillón comenzada la víspera terminaba al día siguiente. No quería, con razón, partir la obra en cuadritos de drama o de vodevil; sólo pensaba en el libro. Pero es indudable que esta manera de pensar suele redundar en perjuicio del éxito inmediato que el periodismo exige de los autores. Eugenio Sue, Alejandro Dumas, le llevaron a menudo ventaja a Balzac en esas batallas de todas las mañanas que entonces apasionaban al público. No alcanzó tan grandes éxitos como los de *Los misterios de París*, *El judío errante*, *Los tres mosqueteros* y *El Conde de Montecristo*. *Los Campesinos*, que es una obra maestra, incluso produjeron gran número de bajas en la *Presse*, que publicó la primera parte. Diariamente llegaban cartas pidiendo que se acabara de una vez. ¡Encontraban a Balzac pesado!

Aún no se había comprendido bien la gran idea del autor de *La comedia humana*: coger a la sociedad moderna y hacer sobre París y nuestra época el libro que, por desgracia, ninguna civilización antigua nos ha dejado. La edición completa de *La comedia humana*, al reunir todas las obras dispersas, puso de relieve la intención filosófica del escritor. Desde aquella fecha Balzac se agrandó considerablemente ante la opinión y al fin se dejó de considerarle "como el más fecundo de nuestros novelistas", frase estereotipada que le irritaba tanto como la de "el autor de *Eugenia Grandet*".

Muchas críticas se han hecho sobre Balzac y mucho se ha hablado de él en diversos aspectos, pero, a nuestro juicio, no se ha insistido en una cosa muy característica, y es la modernidad absoluta de su obra. Balzac no debe nada a la antigüedad; para él, como si no hubiesen existido griegos y romanos. No se encuentra en la composición de su talento huella ninguna de Homero, de Virgilio o de Horacio; nadie fue menos clásico que él.

Balzac, como Gavarni, sólo ha visto a sus contemporáneos, y, en arte, la dificultad suprema está en pintar lo que se tiene ante la vista; uno puede atravesar la propia época sin enterarse, y tal les ha ocurrido a muchos hombres eminentes.

¡Ser de su tiempo! Nada parece más fácil y nada es más dificultoso. No llevar anteojos, ni verdes ni azules, pensar con el propio cerebro, valerse de la lengua actual, no remendar en centones las frases de los predecesores. Balzac poseyó tan raro mérito. Los siglos tienen su perspectiva y sus puntos de vista; y, a distancia, las grandes masas se destacan, las líneas se precisan, los detalles enojosos se esfuman; con la ayuda de recuerdos clásicos, de nombres antiguos armoniosos, cualquier retórico hará una tragedia, un poema, un estudio histórico. Pero encontrarse entre la multitud, codeado por ella y coger su aspecto, comprender sus corrientes, desentrañar las individualidades, dibujar las fisonomías de tantos seres diversos, eso sí que requiere un genio especial, y ese genio lo poseyó el autor de *La comedia humana* en un grado que nadie igualó, ni igualará probablemente.

Esta profunda comprensión de las cosas modernas hacía, a Balzac, preciso es decirlo, poco sensible a la belleza plástica. Leía con mirada negligente las blancas estrofas de mármol en las cuales el arte griego cantó la perfección de la forma humana. En el Museo de Antigüedades contemplaba sin éxtasis a la Venus de Milo; pero la parisiense detenida ante la estatua inmortal, enfundada en su largo casimir ajustado, sin un pliegue desde la nuca al tacón, tocada con su sombrero con velo de Chantilly, enguantada con su estrecho guante Jouvin, adelantando bajo la orla de la falda de volantes la punta charolada del crujiente borceguí, hacía brillar de placer su mirada. Analizaba su coquetería, sus andares, se regustaba con sus gracias sabias, pareciéndole, como a ella, que la diosa tenía la cintura muy ancha y no haría buen papel en casa de Mme. de Beauseant, de Listoniére o de Espard. La belleza ideal, con sus líneas serenas y puras era demasiado simple, demasiado fría, demasiado unida, para aquel genio complicado, fecundo y diverso. Por esto dijo en alguna parte que "es preciso ser Rafael para hacer muchas Vírgenes". El *carácter* le placía más que el *estilo*, y prefería la fisonomía a la belleza. En sus retratos de mujer no deja jamás de poner una señal, un pliegue, una arruga, una chapa rosada, un rinconcillo fatigado y enternecido, una vena demasiado aparente, un detalle cualquiera que ponga de manifiesto las magulladuras de la vida, y que un poeta, al trazar la misma imagen, hubiera sin duda, y aunque equivocadamente, suprimido.

Muy lejos de nuestra intención criticar a Balzac por eso; al contrario, este defecto es su principal *cualidad*. No aceptó nada de las mitologías y las tradiciones de lo pasado; no conoció ese ideal hecho con versos de poetas, mármoles de Grecia y cuadros del Renacimiento que se interpone entre la mirada de los artistas y la realidad. Amó a la mujer de nuestros días, tal como es, y no a una pálida estatua; la amó con sus virtudes, sus vicios y caprichos; con sus chales, sus vestidos y sus sombreros; y la siguió a través de la vida, hasta mucho más allá de cuando el amor la deja. Prolongó su juventud, hizo para ella primaveras con los veranillos de San Martín y doró su ocaso con los rayos más espléndidos. Somos tan clásicos en Francia, que no nos hemos dado cuenta de que las rosas, en nuestros climas, no florecen en abril, como en las descripciones de los poetas antiguos, sino en junio, y que nuestras mujeres comienzan a ser hermosas a la edad en que las de Grecia, más precoces, dejaban de serlo. ¡Qué tipos encantadores Balzac reprodujo o imaginó: Mme. Firmiani, Mme. de Mortsauf, la duquesa de Maufrigneuse, la princesa de Cardigan, lady Dirdley, la duquesa de Langeais, Mme. Jules, Modesta Mignon, Diana de Chaulieu, sin contar las burguesas, las "grisetas" y las damas de las camelias de su "demi-monde"!

¡Cómo amaba y conocía a ese París moderno, cuya belleza apreciaban entonces tan poco los enamorados del color local y de lo pintoresco! Recorríalo día y noche en todos sentidos: no hay callejuela perdida, paso infecto, calle estrecha, negra y cenagosa que no convirtiera su pluma en un aguafuerte digna de Rembrandt, llena de tinieblas misteriosas en donde brilla una estrella de luz temblorosa. Grandezas y miserias, placeres y sufrimientos, gracias y fealdades, todo le era conocido de su ciudad adorada: era para él como un monstruo enorme, híbrido, formidable, un pulpo de cien mil tentáculos al que veía y escuchaba vivir y constituía a sus ojos una individualidad inmensa. Véase sobre el particular las páginas maravillosas del comienzo de *La muchacha de ojos de oro*, en las cuales Balzac, invadiendo los dominios del músico, ha querido, como en una sinfonía a gran orquesta, hacer cantar a la vez todas las voces, todos los sollozos, todos los gritos, todos los rumores, todos los chirridos de París.

Y de esa modernidad en la que adrede hacemos hincapié, provenía, sin que él se diese cuenta, la dificultad que experimentaba Balzac en la realización de su trabajo: la lengua francesa, depurada por los clásicos del siglo diecisiete, no es propia, cuando uno se ciñe a ella, sino para expresar idean generales y pintar figuras convencionales y en un ambiente impreciso. Para expresar esa multiplicidad de detalles, de caracteres, de tipos, de arquitecturas, de mobiliarios, Balzac vióse obligado a crear una lengua especial, compuesta de todos los tecnicismos, de todas las jergas o "argots" del taller, de la ciencia de los bastidores y de la misma clínica. Cada palabra que significaba algo era bienvenida, y la frase, para recibirla, abría un inciso, un paréntesis y se alargaba complacientemente. Por esto decían los críticos superficiales que Balzac no sabía escribir. Tenía sin embargo, aunque él mismo no lo creyera, un estilo magnífico; el estilo necesario, fatal y matemático que requería su idea.

***

Nadie puede tener la pretensión de hacer de Balzac una biografía completa: toda relación con él estaba necesariamente llena de lagunas, de ausencias, de desapariciones. El trabajo mandaba en su vida, y, como él mismo lo dice en una carta conmovedora a su hermana, sacrificó sin pena a tan celoso dueño las alegrías y distracciones de la existencia, renunciando a todo comercio amistoso continuado.

Contestar con algunas palabras a una larga misiva, era para él, en sus agobios de trabajo, una prodigalidad que rara vez podía permitirse; era el esclavo, pero esclavo voluntario, de su obra. Tenía, junto con un corazón muy bueno y muy tierno, el egoísmo de los grandes trabajadores. Y ¿quién hubiera pensado en reconvenirle por aquella negligencia obligada y aquellos olvidos aparentes cuando se veían los resultados de sus huidas y reclusiones? Cuando reaparecía, ya terminada la obra, hubiérase dicho que le había dejado a uno el día anterior, y reanudaba la conversación interrumpida como si a veces no hubiesen transcurrido seis meses, y tal vez más. Hacía viajes por Francia para estudiar las localidades en las que colocaba sus *Escenas provincianas*, y se retiraba a la casa de algunos amigos, en Touraine, o en Charente, encontrando allá una tranquilidad que sus acreedores no siempre le consentían en París. Después de alguna obra grande, permitíase a veces una excursión más larga por Alemania, Suiza o la Italia septentrional; pero aquellas vueltas rápidas, hechas con las preocupaciones de los vencimientos, de los pagos, y además, con un viático reducido, más le fatigaban que contribuían a su reposo. Con su amplia mirada se bebía cielos, horizontes, montañas, monumentos, casas e interiores para confiarlos a aquella memoria universal y minuciosa que jamás le falló. Superior en esto a los poetas descriptivos, Balzac veía al hombre al mismo tiempo que la naturaleza; estudiaba fisonomías, costumbres, pasiones y caracteres a la vez que lugares y mobiliarios. Un detalle le bastaba, como un hueso a Cuvier, para reconstruir una personalidad. Muchas veces se ha alabado en él, y con razón, su talento de observador; mas por grande que fuese, no hay que imaginarse que el autor de La comedia humana copiara siempre del natural sus retratos, por otra parte tan verdaderos. Encerrado casi siempre, Balzac no pudo material mente observar los dos mil personajes que desempeñan un papel en su comedia de cien actos; pero, en cada hombre está contenida la humanidad: es un microcosmos en el que nada falta.

No siempre, pero a menudo, Balzac observó en sí mismo los numerosos tipos que viven en su obra, y por esto son tan completos. Nadie puede vivir en absoluto la vida de otro; siempre hay motivos que permanecen obscuros, detalles desconocidos, acciones cuya huella se pierde. Aun en el retrato más fiel hace falta una parte de creación: Balzac creó, pues, mucho más que vio. Sus extraordinarias facultades de analítico, de fisiólogo, de anatómico, sirvieron al escritor como un preparador entrega al catedrático las substancias que necesita para sus demostraciones.

Aquí sería tal vez el lugar de definir la *verdad*, tal como la comprendió Balzac; en estos tiempos de realismo conviene entenderse en este punto. La verdad del arte no es la de la naturaleza: todo objeto expresado en arte tiene forzosamente algo de convencional, por muy poco que sea. Balzac acentúa, agranda, alarga, añade, alarga o acerca hombres y cosas, según el efecto que quiere producir. Es *verdadero*, sin duda, pero con los argumentos y los sacrificios que implica el *arte*. Prepara fondos sombríos y embetunados a las figuras luminosas, pone fondos blancos a las figuras pardas. A veces, en la descripción, consigue resultados raros y fantásticos, como si colocara un microscopio bajo la mirada del lector; y entonces aparecen los detalles con limpieza extraordinaria, con exagerada minuciosidad, con agrandamientos formidables e incomprensibles: poros, tejidos, granos, vellosidades, fibras, adquieren una importancia enorme y convierten un rostro a simple vista insignificante en una especie de quimérico mascarón. Los caracteres son también exagerados desmesuradamente, como es propio de los tipos: si el barón de Hulot es un libertino, personifica además la lujuria: es un hombre y un vicio, una individualidad y una abstracción, y reúne en él todos los rasgos dispersos del carácter. En donde un escritor de menos genio hubiese hecho un retrato, Balzac hace una figura. Los hombres no tienen tantos músculos como les pone Miguel Angel para dar idea de la fuerza. Balzac abunda en esas exageraciones útiles, en esos rasgos obscuros que alimentan y sostienen los contornos; imagina al copiar, a la manera de los maestros, y en todo imprime su toque. Como no se trata aquí de una crítica literaria, sino de un estudio biográfico, no llevaremos más lejos estas observaciones, que basta indicar. Balzac, que la escuela realista parece querer reivindicar como maestro, no tiene ninguna relación de tendencia con ella.

A diferencia de algunos escritores ilustres, que sólo se alimentan con su propio genio, Balzac leía mucho y con una rapidez prodigiosa. Gustaba de los libros y había formado una excelente biblioteca que tenía intención de dejar a su ciudad natal, idea que luego desechó a causa de la indiferencia que por él mostraron sus compatriotas. Absorbió en pocos días las obras voluminosas de Swedenborg que poseía Mme. Balzac madre, la cual tenía por aquel entonces preocupaciones místicas, y esa lectura nos dio *Serafita-Serafitus*, una de las producciones más asombrosas de la literatura moderna. Jamás Balzac se acercó tanto como en este libro a la belleza ideal: la ascensión a la montaña tiene algo de etéreo, de sobrenatural y luminoso que arrebata de la tierra. Los dos únicos colores que emplea son el azul celeste y el blanco de nieve, con algunos tonos nacarados para las sombras. No conocemos nada más embriagador que este principio. El panorama de Noruega, recortado en sus bordes y visto desde tal altura, deslumbra y da vértigo.

Luis Lambert también se resiente de la lectura de Swedenborg; mas, pronto, Balzac, que había tomado las alas de águila de los místicos para cernerse sobre lo infinito, bajó a la tierra en que nos hallamos, aunque sus robustos pulmones pudiesen respirar indefinidamente aquel aire sutil, que es mortal para los débiles: después de este vuelo dejó el extramundo y volvió a la vida real. Acaso su genio se hubiese perdido pronto de vista de haber proseguido elevándose por las inmensidades insondables de la metafísica, y debemos considerarnos dichosos de que se limitara a *Luis Lambert* y a *Serafita Serafitus*, que son bastante para representar en La comedia humana el aspecto sobrenatural y abren una puerta lo bastante amplia sobre el mundo invisible.

Pasemos ahora a algunos detalles más íntimos. Al gran Goethe le horrorizaban tres cosas: una de ellas era el humo del tabaco, y se nos permitirá omitir las otras dos. Balzac, como el Júpiter del Olimpo alemán, no podía sufrir el tabaco, fuera en la forma que fuese; anatematizaba la pipa y proscribía el cigarro; no admitía ni siquiera el "papelito español"; solamente el narguile asiático encontraba gracia ante él, y aun si lo toleraba era como objeto curioso y a causa de su color local. En sus filípicas contra la hierba de Nicot no imitaba al doctor que durante una disertación sobre los inconvenientes del tabaco no dejaba de echar continua mente mano a una tabaquera que se hallaba a su alcance: Balzac no fumó jamás. Su *Teoría de los excitantes* contiene una requisitoria en regla contra el tabaco, y de haber sido sultán, sin duda hubiera hecho decapitar, como Amurates, a los fumadores obstinados. Reservaba toda su predilección para el café, que tanto daño le hizo y que tal vez lo mató, a pesar de que su organismo le hubiese permitido llegar a centenario.

Balzac ¿tenía o no razón?; el tabaco, como él pretendía, ¿es un veneno mortal e intoxica a los que no embrutece?, ¿es el opio de occidente, el endormecedor de la voluntad y la inteligencia? Goethe y Heine, abstención singular en los alemanes, no fumaban; Byron, sí; Víctor Hugo no fuma, como tampoco Alejandro Dumas padre; en cambio, Alfredo de Musset, Eugenio Sue, George Sand, Mérimée, Paul de Saint Victor, Augier, Ponsard, fumaron y fuman, y no son precisamente imbéciles.

Por lo demás, esta aversión es común a muchos hombres nacidos con el siglo o poco antes. Entonces sólo fumaban los marineros y los soldados; el olor a pipa y a cigarro hacía desvanecer a las mujeres; pero, desde entonces, se han aguerrido, y más de unos labios rosados acarician amorosamente la punta dorada de un puro en el tocador trocado en fumadero.

Siempre que Balzac se ve obligado, en aras de la verosimilitud, a dejar que alguno de sus personajes se entregue a tan horrible costumbre, su frase breve y desdeñosa revela una condenación secreta: "En cuanto a Marsay, dice, estaba ocupado fumando cigarros." Y aun hace falta que sienta gran simpatía por aquel "condottiere" del dandismo para permitirle fumar en su obra.

Una mujer delicada y exigente había sin duda inculcado esa aversión a Balzac; pero este es un punto difícil de resolver. A propósito de mujeres, Balzac, que las pinta tan bien, debía de conocerlas, y ya se sabe el sentido que la Biblia da a esa palabra. En una de las cartas que Honorato escribe a su hermana Mme. de Surville, Balzac, muy joven entonces y completamente desconocido, cifra el ideal de su vida en dos palabras: "ser célebre y ser amado". La primera parte de este programa, que, por lo demás, se proponen todos los artistas, se realizó por completo. ¿Ocurrió lo mismo con la segunda? En opinión de los más íntimos amigos de Balzac, éste practicó la castidad que predicaba a los demás y tuvo, a lo sumo, amores platónicos; pero Mme. de Surville sonríe a este propósito, con sutil sonrisa femenina, llena de púdicas reticencias. Pretende que su hermano era de una discreción a toda prueba, y que si hubiese querido hablar, hubiera tenido mucho que decir. Así debió de ser, y sin duda la cajita de Balzac contenía más cartitas de letra fina e inclinada que la caja de laca de Canalis. Hay en toda su obra como un "odor di femina"; y cuando se penetra en ella percíbese detrás de las puertas que dan a la escalera de escape "frufrú" de sedas y crujir de borceguíes. El salón semicircular y acolchado de la calle de las Batallas, ya descrito, acaso no permaneció completamente virginal como muchos creíamos. Durante nuestra intimidad, que duró desde 1836 hasta su muerte, sólo una vez Honorato hizo alusión, en términos enternecidos y respetuosos, a unos amores de su primera juventud, y aun no dijo sino el nombre de la persona cuyo recuerdo, después de tantos años, hacía que se le humedecieran los ojos. Y aunque nos hubiese dicho más, no abusaríamos de sus confidencias: el genio de un gran escritor pertenece a todos, pero su corazón sólo a él. Rozamos al pasar ese aspecto tierno y delicado de la vida de Balzac porque nada podemos decir de él que no le honre. Su reserva y su misterio son propios de un hombre galante: si fue amado, como lo deseaba en sus sueños juveniles, el mundo no lo supo.

No se crea, sin embargo, que Balzac fuese austero y pudibundo en sus palabras: el autor de los *Cuentos regocijados* se había alimentado demasiado de Rabelais y era demasiado pantagruélico para rehuir el chiste subido de color; sabía muy sabrosas historias y también las inventaba. Sus atrevimientos lardeados con crudezas galas habrían asustado a muchos, pero sus labios quedaban sellados como una tumba cuando de un sentimiento serio se trataba. Apenas si dejó adivinar a sus más íntimos su amor por una extranjera distinguida, amor del que puede hablarse, pues que fue coronado con el matrimonio. A esta pasión que databa de antiguo hay que atribuir sus excursiones lejanas, cuyo objeto fue hasta el final un misterio para sus amigos.

Absorbido por su obra, Balzac pensó tarde en el teatro, para el cual la opinión general juzgó, a mi entender equivocadamente, que carecía de facultades. El que creó tantos tipos y analizó tantos caracteres tenía que vencer en la escena; mas ya hemos dicho que Balzac no era improvisador, y no es posible corregir las pruebas de un drama. De haber vivido, al cabo de una docena de piezas, sin duda hubiese dado con la forma y alcanzado éxito, pues poco faltó para que *La madrastra* fuera una obra maestra, y *Mercadet*, ligeramente desmochado por un arreglador inteligente, alcanzó una larga fama postuma en el "Gymnase".

No obstante, lo que determinó esas tentativas fue más bien la idea de un gran beneficio que le liberara de una vez de sus dificultades financieras que no una vocación decidida. El teatro, como se sabe, da mucho más que el libro; la continuidad de las representaciones, por las cuales se pagan derechos bastante elevados, producen pronto, por acumulación, cantidades considerables; y, si bien el trabajo de combinación es mayor, en cambio la labor material es menos. Hacen falta varios dramas para llenar un volumen; y mientras uno se pasea o se está cómodamente tumbado, se encienden las candilejas, los decorados bajan de las bambalinas, los actores declaman y gesticulan, y resulta que se gana más dinero que garabateando una semana entera inclinado sobre el escritorio. Hay melodrama que le ha producido a su autor más que *Nuestra Señora de París* a Víctor Hugo o *Los parientes pobres* a Balzac.

Cosa singular, Balzac, que meditaba, elaboraba y corregía sus novelas con tenaz meticulosidad, cuando de teatro se trataba parecía presa del vértigo de la velocidad. No sólo no rehacía las obras teatrales ocho o diez veces como los volúmenes, sino que ni las hacía siquiera. Apenas fijada la primera idea, señalaba día para la lectura y llamaba a sus amigos para confeccionar la cosa. Ourliac, Lassailly, Laurent-Jan, yo mismo y otros, fuimos convocados más de una vez a medianoche o a otras horas fabulosamente matinales. Y había que dejarlo todo precipitadamente, porque cada minuto de retraso hacía perder millones.

Unas líneas apremiantes de Balzac nos conminaron un día a presentarnos al momento en la calle de Richelieu, 104, en donde tenía un apeadero en casa del sastre Buisson. Encontramos a Balzac envuelto en su hábito monacal y pataleando impaciente sobre la alfombra azul y blanca de una coquetona buhardilla con las paredes tapizadas de percal acanalado con adornos azules, pues, a pesar de su aparente descuido, tenía el instinto del arreglo interior, y disponía siempre un nido cómodo para sus veladas laboriosas; en ninguna de sus moradas reinó ese desorden pintoresco de que gustan los artistas.

–¡Por fin, he aquí a Theo! –exclamó al vernos–. Perezoso, tardígrado, bradipo, daros prisa: hace una hora que debierais estar aquí. Le leo mañana a Harel un gran drama en cinco actos.

–Y queréis conocer nuestra opinión –dijimos acomodándonos en un sillón, como dispuestos a enfrentarnos con una larga lectura.

Ante esta actitud, Balzac nos adivinó el pensamiento y dijo con el tono más sencillo:

–El drama no está hecho.

–¡Diablo! –exclamé–. Entonces habrá que aplazar la lectura seis semanas.

–No; vamos a despachar el *dramorama* para cobrar algo. En tal fecha tengo un vencimiento muy cargado.

–Pero de aquí a mañana es imposible; ni siquiera hay tiempo para copiarlo.

–He aquí cómo lo he dispuesto. Haréis un acto; Ourliac, otro; Laurent-Jan, el tercero; de Belloy, el cuarto; yo, el quinto, y lo leeré al mediodía, como está convenido. Un acto de drama no tiene más de cuatrocientas o quinientas líneas, y pueden muy bien hacerse quinientas líneas de diálogo en un día y una noche.

–Explicadme el asunto, indicadme el plan, esbozadme en pocas palabras los personajes y pondré manos a la obra –contesté, regularmente azorado.

–¡Ah! –suspiró con un aire de descaecimiento soberbio y desdén magnífico–; ¡si es preciso contaros el argumento no acabaríamos nunca!

Yo no creía ser indiscreto al hacer aquella pregunta, que le parecía en absoluto ociosa a Balzac.

Después de una breve indicación arrancada con trabajos, nos pusimos a hilvanar una escena de la cual sólo algunas palabras quedaron en la obra definitiva, que no se leyó, como es de suponer, al día siguiente. Ignoramos lo que hicieron los demás colaboradores, pero el único que puso seriamente las manos en la masa fue Laurent-Jan, a quien está dedicada la pieza.

Esta pieza era Vautrin. Es sabido que el tupé dinástico y piramidal que Federico Lemaitre tuvo el capricho de ponerse para su disfraz de general mejicano atrajo sobre la obra los rigores del poder; *Vautrin*, prohibido, logró una sola representación, y el pobre Balzac se quedó como Perrette ante el bote de la leche vertido. Las prodigiosas sumas en que había estimado el producto probable de su drama se fundieron en ceros, lo que no le impidió a Balzac rechazar noblemente la indemnización que le ofreció el ministerio.

Contamos al principio las veleidades de "dandy" de Balzac; hablamos de su frac azul con botones de oro macizo, su bastón monstruoso con el puño pavimentado con turquesas, sus apariciones en sociedad; pero estas magnificencias fueron sólo ocasionales, y Balzac reconoció que no era para él el papel de un Alcibiades o de un Brummel. Todos hemos podido verle, sobre todo por la mañana, cuando corría imprentas para llevar original y recoger pruebas, ataviado de muy otra manera. Recuérdase su cazadora verde, con botones de cobre que figuraban cabezas de zorro; el pantalón atacado, cuadriculado de negro y de gris, metido en las gruesas botas con orejas; el pañuelo rojo retorcido como una cuerda alrededor del cuello y el sombrero a la vez erizado y pelado con forro azul desteñido por el sudor, que más cubrían que vestían al "más fecundo de nuestros novelistas". Sin embargo, a pesar del desorden y la pobreza de aquel atuendo, nadie hubiera tomado por un desconocido vulgar a aquel hombre gordo de ojos resplandecientes, narices móviles, mejillas de tonos vivos, iluminado por el genio, y que pasaba en pos de sus ilusiones como un torbellino. A su aspecto, la burla se detenía en los labios del pilluelo, y en el hombre serio no acababa de cuajar la sonrisa: bien se reconocía en él a uno de los reyes del pensamiento. Otras veces, por el contrario, veíasele caminar con paso lento, la nariz al aire, los ojos en acecho, siguiendo un lado de la calle y luego el otro, pensando no ya en las musarañas, sino en los rótulos. Era que buscaba nombres para bautizar a sus personajes. Pretendía, con razón, que un nombre no se inventa, como no se inventa una palabra. Según él, los nombres se forman solos, como los idiomas, y además, los nombres verdaderos poseen una vida, un significado, una fatalidad, un alcance cabalístico, y nunca se concederá a su elección importancia bastante. León Gozlán ha contado muy graciosamente cómo fue encontrado el célebre Z. Marcas de la

Revue Parisienne. La muestra de un fumista proporcionó a Víctor Hugo, no menos escrupuloso que Balzac en la denominación de sus personajes, el nombre mucho tiempo buscado de Gubetta.

La dura vida de labor nocturna había impreso sus huellas en la fisonomía de Balzac, a pesar de la fuerte constitución de éste. Encontramos en *Alberto Savarus* un verdadero autorretrato, que le representa tal como era hacia 1842, con sólo ligeras modificaciones.

"Una cabeza soberbia: cabellos negros en los que se mezclaban ya algunas canas, cabellos como los tienen San Pedro y San Pablo en los cuadros, de rizos espesos y lucientes, cabellos duros como crines; un cuello blanco y redondo como de mujer; una frente magnífica, partida por ese surco potente que los grandes proyectos, los grandes pensamientos, las intensas meditaciones, trazan en la frente de los grandes hombres; tez olivácea con manchas rojas; nariz cuadrada, ojos de fuego, y luego mejillas hundidas, señaladas por dos largas arrugas llenas de sufrimiento; boca de sonrisa sardónica y mentón pequeño, demasiado corto; la pata de gallo en las sienes, los ojos hundidos, revolviéndose bajo los arcos ciliares como dos globos ardientes; mas, a pesar de todos esos indicios de pasiones violentas, un aspecto tranquilo, profundamente resignado, la voz de una dulzura penetrante y que me ha sorprendido por su facilidad, verdadera voz de orador, tan pronto pura como insinuante, tonante cuando preciso, luego, plegándose al sarcasmo, y, entonces, incisiva. Alberto Savarus es de estatura mediana, ni gordo ni flaco; finalmente, tiene manos de prelado."

En este retrato, que es muy fiel, Balzac se idealiza, no obstante, un poco, según las exigencias de la novela, y se quita algunos quilos de gordura; licencia permitida a un héroe amado por la duquesa de Argaiolo y la señorita Filomena de Watteville. Por cierto que esta novela de Alberto Savarus, una de las menos conocidas y nombradas de Balzac, encierra muchos detalles transpuestos de sus costumbres de vida y de trabajo, y hasta podrían verse en ella, si estuviera permitido levantar esos velos, confidencias de otro género.

Balzac había dejado la calle de las Batallas por los Jardies; después se trasladó a Passy. La casa que allí habitaba, situada en una pendiente abrupta, ofrecía una disposición arquitectónica bastante singular. Entrábase en ella "algo así como el vino en las botellas": era preciso *descender* tres pisos para llegar al primero. La puerta de entrada, por el lado de la calle, se abría casi en el tejado, como una buhardilla. Comimos allí una vez, junto con León Gozlán. Fue una comida rara, compuesta según las recetas económicas inventadas por Balzac. A petición nuestra, el famoso puré de cebollas, dotado de tales virtudes higiénicas y simbólicas que por poco hizo reventar a

Lassailly, no figuró en ella. Pero los vinos eran maravillosos. Cada botella tenía su historia, y Balzac la contaba con elocuencia, verbosidad y convicción sin igual. Aquel vino de Burdeos había dado tres veces la vuelta al mundo; aquel Chateaux-Neuf du Pape se remontaba a épocas fabulosas; aquel ron procedía de un tonel zarandeado por el mar durante más de un siglo, y que fue preciso abrir a hachazos, tan espesa era la costra de conchas, madréporas y algas. Nuestros paladares, sorprendidos, molestos con los sabores ácidos, protestaban en vano contra tan ilustres orígenes. Balzac guardaba la seriedad de un augur, y, a pesar del proverbio, por más que levantábamos a él la mirada, no lográbamos hacerle reír.

En el postre figuraban peras de una madurez, un grosor, una acuosidad, una selección dignos de regia mesa. Balzac devoró cinco o seis, goteándole el agua por la barbilla; creía que aquellas frutas eran saludables para él y las comía en tal cantidad tanto por higiene como por glotonería. Sentía ya entonces los primeros síntomas de la enfermedad que se le había de llevar. La Muerte, con sus flacos dedos, palpaba aquel cuerpo robusto para ver por dónde podía atacarlo, y no encontrando en él punto flaco, acabó con él con la plétora y la hipertrofia. Las mejillas de Balzac estaban siempre veteadas y manchadas con esas plaquitas rojas que a las miradas poco atentas simulan salud; mas, para el observador, los tonos amarillos de la hepatitis rodeaban con su aureola de oro los párpados fatigados, y la mirada, avivada por esa cálida tonalidad bistre, parecía más vivida y brillante, y adormecía la inquietud.

Por aquel tiempo preocupaban mucho a Balzac las ciencias ocultas, la quiromancia y la cartomancia. Habíanle hablado de una sibila más asombrosa todavía que Mlle. Lenormand, y nos hizo determinar, así como a Mme. de Girardin y a Méry, a que fuéramos a consultarla con él. La pitonisa vivía en Auteuil, no recordamos en qué calle, pero esto importa poco, porque nos dieron la dirección equivocada. Caímos en una familia de honrados burgueses de vacaciones: marido y mujer y una madre anciana a quien Balzac se empeñó en encontrar un aire cabalístico. La buena señora, poco halagada de que se la tomara por una bruja, comenzaba a enfadarse; el marido nos tomaba por embaucadores, la mujer se reía en grande y la sirvienta, por prudencia, encerraba la plata. Tuvimos que retirarnos un poco avergonzados, pero Balzac sostenía que allí era, y en el coche murmuraba injurias contra la vieja: "estrige, arpía, maga, larva, lamia, lémur, gulia, genio" y todos los términos extraños que podía sugerirle la costumbre de las retahilas de Rabelais.

Es de suponer, no obstante, que Balzac logró encontrar después a la tal Mme. Fontaine, pues en *Los cómicos sin saberlo* la representó entre su gallina Bibouche y su sapo Astareth con espantosa verdad fantástica, si es que pueden andar juntas ambas palabras. Y si así fue, ¿la consultó en serio? ¿La visitó como simple observador? Algunas páginas de *La comedia humana* parecen implicar en Balzac cierta fe en las ciencias ocultas, acerca de las cuales las ciencias consagradas no han dicho todavía la última palabra.

Por aquel tiempo Balzac comenzó a manifestar afición a los muebles antiguos, los cofres, las porcelanas; el más pequeño pedazo de madera apolillada que compraba en la calle Lappe era siempre de procedencia ilustre, e improvisaba genealogías para todos sus cachivaches. Escondíalos aquí y allá, siempre a causa de unos acreedores fantásticos de cuya existencia comenzábamos a dudar. Hasta nos divertimos en hacer circular el rumor de que Balzac era millonario y compraba medias viejas para esconder onzas, doblones, genovesas, cruzados, luises dobles y cuádruples, como el tío Grandet; decíamos en todas partes que tenía tres cisternas, como Abulcasem, llenas hasta los bordes de carbúnculos, dinares y tomanes. "¡Theo hará que me corten el pescuezo con sus embustes!", exclamaba contrariado y halagado.

Lo que daba cierta verosimilitud a nuestras bromas era la nueva habitación que ocupaba Balzac en la calle Fortunée, en el barrio de Beaujon, menos poblado que hoy. Ocupaba una casita misteriosa que había albergado las fantasías de un fastuoso financiero. Desde fuera percibíase por encima del muro una especie de cúpula producida por el techo cimbrado de un tocador y la pintura fresca de las persianas cerradas.

Cuando se penetraba en aquel reducto, cosa nada fácil, pues el dueño de la casa se ocultaba con sumo cuidado, descubríanse mil detalles de lujo y de comodidad en contradicción con la pobreza afectada. Nos recibió un día, sin embargo, y pudimos ver un comedor con arrimadero de nogal viejo, con mesa, chimenea, aparadores, credencias y sillas de madera tallada, que hubieran envidiado un Berruguete, un Cornejo Duque o un Verbruggen; un salón de damasco con botones de oro, con puertas, cornisas, plintos y marcos de ébano; una biblioteca en librerías con incrustaciones de cobre y de concha, estilo Boulle; un cuarto de baño de mármol blanco con bajorrelieves de estuco; un tocador abovedado cuyas pinturas antiguas habían sido restauradas por Edmundo Hédouin; una galería con luz cenital que luego reconocimos en la colección de *El primo Pons*. Había en estanterías toda clase de curiosidades, porcelanas de Sajonia y de Sèvres, y en la escalera, recubierta con una alfombra, grandes jarrones de China y un magnífico farol suspendido de un cordón de seda roja.

–¿Es que habéis vaciado los silos de Abulcasem? –le dijimos riendo a Balzac, en vista de tanto esplendor–; ya veis que tenía razón al pretender que sois millonario.

–Soy más pobre que nunca –contestó con aire humilde y camandulero–, nada de esto es mío. He amueblado la casa

94

para un amigo esperado. No soy más que el guardián y el portero del hotel.

Tales fueron sus palabras textuales; respuesta que hizo asimismo a otras personas que también manifestaron asombro. Pero el misterio se aclaró pronto con el casamiento de Balzac con la mujer a la que amaba hacía mucho tiempo.

Existe un proverbio turco que dice que "cuando la casa está terminada, entra la muerte". Por esto los sultanes tienen siempre un palacio en construcción que se guardan de terminar. En la vida no parece haber nada completo, sino la desgracia. Y nada más temible que un deseo realizado.

Las famosas deudas estaban al fin pagadas; la unión soñada, realizada; el nido para la dicha, acolchado y forrado de pluma; como si hubiesen presentido su fin próximo, los envidiosos de Balzac comenzaban a alabarle; *Los parientes pobres*, *El primo Pons*, en los cuales el genio del autor brilla con todo su esplendor, lograron todos los sufragios. Era demasiado hermoso, y no le quedaba sino morir.

La enfermedad hizo rápidos progresos, pero nadie creía en un desenlace fatal, tal era la confianza en la organización atlética de Balzac. Creíamos firmemente que nos enterraría a todos.

Ibamos a salir para Italia, y antes de marchar quisimos despedirnos de nuestro ilustre amigo. Había salido en carretela para retirar de la aduana alguna curiosidad exótica. Nos alejamos tranquilizados, y en el momento en que íbamos a marchar nos remitieron una esquela de Mme. de Balzac en la que nos explicaba muy amablemente y con toda clase de excusas por qué no habíamos encontrado a su marido en casa. Al pie de la carta, Balzac había trazado estas palabras:

"No puedo ni leer ni escribir.
De Balzac."

Guardamos como una reliquia esta línea siniestra, la última probablemente que escribió el autor de *La comedia humana*; era, y no lo comprendimos entonces, el grito supremo *Eli lamma Sabacthanni!* del pensador y del trabajador. La idea de que Balzac pudiese morir ni siquiera se nos ocurrió.

Algunos días después estábamos tomando un helado en el café Florián, en la plaza de San Marcos; el *Journal des Débats*, uno de los pocos periódicos franceses que llegan a Venecia, estaba al alcance de la mano y vimos anunciada la muerte de Balzac. Poco faltó para que nos desplomáramos de la silla sobre el pavimento de la plaza ante la fulminante noticia, y a nuestro dolor se mezcló pronto un movimiento de rebelión y de indignación poco cristiana, pues todas las almas valen lo mismo ante Dios.

Precisamente acabábamos de visitar el hospital de locos en la isla de San Servolo, y habíamos visto allí idiotas decrépitos, paralíticos octogenarios, larvas humanas sin ni siquiera instinto animal, y nos preguntábamos por qué aquel cerebro luminoso se había apagado como una antorcha en el agua, cuando la vida tenaz persistía en aquellas cabezas obscuras, vagamente surcadas por engañosas ráfagas de luz.

Ocho años han transcurrido desde aquella fecha fatal. La posteridad ha comenzado para Balzac, y cada día nos parece más grande. Cuando estaba mezclado con sus contemporáneos se le apreciaba mal, no se le veía sino fragmentariamente y bajo aspectos a veces poco favorables; ahora el edificio que construyó se eleva a medida que se aleja, como catedral a la que ocultaban las casas vecinas y desde el horizonte se perfila inmensa sobre los techos aplanados. El monumento no está terminado, pero, tal como es, asusta por su enormidad, y las futuras generaciones se preguntarán sorprendidas quién fue el gigante que levantó él solo aquellos bloques formidables y elevó tan alta esa Babel en la que bulle toda una sociedad.

Pero, aunque muerto, Balzac sigue teniendo detractores: se arroja sobre su memoria el reproche vulgar de inmoralidad, última injuria de la medianía impotente y celosa. El autor de *La comedia humana* no sólo no es inmoral, sino que es un moralista austero. Monárquico y católico, defiende la autoridad, exalta la religión, predica el deber, modera las pasiones y no admite más dicha sino la del matrimonio y de la familia.

"El hombre, dice, no es ni bueno ni malo; nace con instintos y con aptitudes; la sociedad, lejos de depravarlo, como pretendía Rousseau, lo perfecciona, lo vuelve mejor; pero el interés desarrolla también sus malos instintos. El cristianismo, y sobre todo el catolicismo, es, como ya lo dije en *El médico de aldea*, un sistema completo de represión de las tendencias depravadas del hombre, y, por consiguiente, el más grande elemento del orden social."

Y con ingenuidad que sienta bien a un grande hombre, previendo el reproche de inmoralidad que le achacarán espíritus torcidos, enumera las figuras irreprochables en cuanto a virtud que se encuentran en *La comedia humana*: Pierrette Lorrain, Ursula Mirouet, Constancia Birotteau, la Fosseuse, Eugenia Grandet, Margarita Claes, Paulina de Villenoie, Mme. Jules, Mme. de la Charenterie, Eva Chardon, Mlle. d'Esgrignon, Mme. Firmiani, Agata Rouget, Renata de Maucombe, sin contar, entre los hombres, José de Bas, Genestas, Benassis, el cura Bonnet, el médico Minoret, Pillerault, David Séchard, los dos Birotteau, el cura Chaperon, el juez Popinot, Bourgeat, los Sauviat, los Tascherons, etc.

Cierto que los granujas no faltan en *La comedia humana*. Pero, ¿acaso París está poblado exclusivamente por querubines?

Los biógrafos posteriores a Gautier han descorrido el velo que la discreción y la amistad le impidieron levantar al bueno de Theo: los amores de Balzac son perfectamente conocidos. Tres mujeres desempeñan un papel principal en la intensa existencia del novelista. La primera, Mme. de Berny. Nacida en 1777, Laura Antonieta Hinner, hija de un músico alemán, se casó a los quince años con Gabriel de Berny, de quien tuvo ocho hijos. Establecidos en Villeparisis, entablaron relaciones de vecindad con los Balzac. Mme. de Berny, que le llevaba a Honorato veintidós años, desempeñó con éste los papeles de madre, de amante, de confidente y de directora; tuvo considerable influencia en su formación; le ayudó en sus empresas industriales desacertadas, y por fin, después de haber pasado de amantes a amigos, ella enfermó, se separó del marido y murió en 1836.

La segunda "mujer" de Balzac, la duquesa de Castries, entró en la vida de aquél como suelen muchas en la de los novelistas de fama: por correspondencia, que comenzó firmando *Una mujer que no quiere darse a conocer*, y que acabó, como es de suponer, conociéndose ambos contendientes. Esto ocurría en 1831. La duquesa era una "belleza" de treinta y cinco años y le llevaba, pues, unos cuatro a Balzac: coqueta redomada, se complació en ver rendido a sus pies a un novelista ya de faina. Tuvo con Honorato algunas escenas fuertes en Ginebra, en donde se hallaban de paso para Italia, acompañados del duque de Fitz-James, cuñado de la duquesa. Al cabo de unos años, curado ya de su amor, Balzac convirtió su historia en novela, que fue *La duquesa de Langeais*.

La de Castries constituyó un intermedio dramático entre Mme. de Berny y Mme. Hanska. Esta entró asimismo en escena bajo sobre, que le llegó a Balzac desde Odesa, en 1832, y con la firma de *La extranjera*. Después de una correspondencia novelesca, Balzac y la condesa Eva Rzewuska se conocieron en Neuchâtel, adonde ella había ido con su marido, V. de Hanski, en octubre de 1833, y al año siguiente se encontraron nuevamente en Ginebra. Los Hanski regresaron a Ucrania y se estableció entre el novelista y la condesa una nutrida correspondencia. En 1841, Eva quedó viuda con una hija y se trasladó a San Petersburgo, en donde, con enormes sacrificios, Balzac fue a su encuentro en julio de 1843. A los dos años, Eva prometió a su hija con el conde de Mniszech y los cuatro se reúnen en Dresde; más adelante van hasta Nápoles. Por fin pasan una temporada solos en París, y en abril de 1847 la condesa regresa a Rusia, después de haber convenido el casamiento para el año siguiente. Pero el novelista aún hizo dos viajes a Rusia para encontrarse con su amada, y en el segundo de ellos cayó enfermo: una bronquitis aguda, agravada con la enfermedad de corazón que le habían ocasionado sus trabajos excesivos. Mme. De Hanska y su hija le cuidaron con solicitud. Esta última enfermedad de Balzac duró diecinueve meses, con mejorías y recaídas. A los sufrimientos físicos vinieron a añadirse los morales. La condesa no podía casarse con un extranjero sin permiso especial del Zar, y éste le fue negado. Eva tuvo que renunciar a su fortuna en favor de sus hijos, y una vez libre, se celebró el casamiento el 14 de marzo de 1850, en la iglesia de Santa Bárbara de Berditchef. Una nueva recaída de Balzac les impidió llegar a París antes de mayo de 1850. Pero la felicidad de Balzac, si es que la gozó en sus últimos tiempos, pues se habló de graves disensiones entre los esposos, fue de corta duración: Honorato falleció el 18 de agosto.